Rosen-Basics

Rosen für farbige Flächen

Wer in seinem Garten leuchtende Farbeffekte erzielen möchte, ist mit Rosen bestens bedient. Moderne Sorten blühen ohne nennenswerte Unterbrechung von Juni bis weit in den Oktober hinein. Achten Sie bei der Auswahl der Sorten auf sogenannte Beet- oder Bodendeckerrosen. Solche Züchtungen bilden pro Trieb reich verzweigte Blütenstände aus. Je größer und perfekter die Einzelblüte ist, desto weniger Blüten trägt das Büschel – und umgekehrt. Bodendeckerrosen können durchaus bis zu zwanzig und mehr Blüten an einem Trieb haben.

Buschiger Wuchs

Bei der Bepflanzung flächiger Beete ist der Wuchs der Pflanze ein wichtiges Kriterium. Sinnvollerweise verwendet man niedrig wachsende, buschige Sorten, damit die zu bepflanzende Fläche dicht und geschlossen wirkt. Hier tun sich besonders die Bodendeckerrosen hervor, die zwar lange, aber überhängende Triebe entwickeln, an denen sich die zahlreichen Blüten bilden. Je kleiner die Pflanzfläche ist, desto kompakter sollten die verwendeten Pflanzen sein; eine Höhe von 50 bis 70 cm ist dabei eine gute Richtschnur. Bei großen Flächen dürfen die Pflanzen auch Meterhöhe erreichen.

So klappt's mit Beetrosen

> Wählen Sie ausschließlich gesunde Sorten aus: Das Laub sollte den gefährlichsten Rosenkrankheiten ohne Spritzungen widerstehen können.

> Bereiten Sie die Fläche vor der Pflanzung gut vor, indem Sie sämtliche Steine sowie Wurzelreste entfernen und außerdem den Boden lockern.

> Meiden Sie Flächen, auf denen schon Rosen standen; die neu gepflanzten Rosen werden dort über kurz oder lang eingehen! Falls kein anderer Platz verfügbar ist, müssen Sie den alten Boden gut 80 cm tief abtragen und durch neuen Oberboden ersetzen, in dem noch keine Rosen gewurzelt haben.

Blütengrößen

Nicht immer sind Sorten mit den größten Blüten die beste Wahl für farbstarke Beete. Meist bringt sogar ein dicht mit kleinen Blüten besetztes Büschel einen wesentlich größeren Farbeffekt in den Garten. Hinzu kommt, dass immer die gesamte Pflanze im Garten wirkt, und so sind die ausgewogenen Größenverhältnisse der Blüten und der Pflanzen bedeutsam.

Farbenvielfalt

Je plakativer eine Farbfläche wirken soll, umso eindeutiger und entschiedener muss die gewählte Blütenfarbe sein. Ein kräftiges Pink, reines Weiß, strahlendes Gelb oder leuchtendes

'Aprikola' gehört zur Spitzengruppe kleinblumiger Beet- und Flächenrosen.

Rot – diese Farben stehen dank vieler Sorten zur Verfügung. Doch auch zart gefärbte Rosensorten überzeugen als gepflanzte Fläche. Pastellfarbene Töne und Blüten mit Farbverläufen tauchen ganze Gartenpartien in eine romantische Atmosphäre. Es ist schon erstaunlich, in wie vielen unterschiedlichen Farbnuancen die modernen Rosensorten blühen. Grobe Einteilungen in Farboberbegriffe greifen daher meist etwas zu kurz. Rosatöne beispielsweise reichen vom blassesten Rosé bis zum intensiven Pink, können aber ebenso ins gelbliche Lachs oder Apricot spielen. Auch bei der Farbbezeichnung „Rot" ist Vorsicht geboten. Ein kühles, zu Blau tendierendes Purpur hat nun einmal eine völlig andere Wirkung im Garten als ein Tomatenrot, das bereits ins Orange spielen kann. In allen Fällen ist es ideal, die anvisierte Sorte gut zu kennen, damit Ihnen keine gravierenden Fehler in der Kombination unterlaufen. Gerade bei flächigen Pflanzungen kommt es vor allem auf die richtige Farbe an!

Smart

Rosen anschauen

> **Um sich ein genaues Bild** von einer Rose zu machen, sollte man sie sich in einem Garten, Park oder Rosengarten (Rosarium) selbst ansehen. Adressen finden Sie auf Seite 62.

Pluspunkte

Zusätzlich machen noch weitere Eigenschaften eine Top-Rose für Beete aus: Zum einen müssen die Blüten auch Regen und Wind unbeschadet überstehen. Beim Welken sollten die Blüten nicht traurig am Stiel herabhängen, sondern auf einen Schlag die Blütenblätter fallen lassen. Blütenreichtum, gesundes Laub und Winterhärte runden das Bild ab.

Rosen als Blickfang

Viele Rosensorten bilden sehr attraktive Büsche aus, die eine Höhe zwischen 1 und 2 m erreichen können. Diese Pflanzen kommen als Einzelexemplar oder in kleinen Dreier- bis Fünfergruppen am besten zur Geltung. Mit ihnen lassen sich markante Blickpunkte im Garten setzen.

Der Wuchs bringt die Wirkung

Pflanzen, die an einer exponierten Stelle stehen, müssen in erster Linie durch ihre Wuchsform und -höhe überzeugen. Bei den Strauchrosen gibt es straff-aufrecht wachsende Sorten, aber auch solche, deren Triebe graziös in Bögen überhängen. Außerdem stehen Büsche in unterschiedlichsten Höhen zur Verfügung. Einige sehr schöne Strauchrosen blühen nur einmal für etwa vier Wochen im Juni. Mitunter nennt man sie auch Parkrosen, weil sie schon seit Jahrhunderten in großen Anlagen angepflanzt werden. Meist handelt es sich um besonders schöne Auslesen von Wildrosen oder historischen Rosen mit üppigem, ausladendem Wuchs.

Die meisten im Handel angebotenen Strauchrosen blühen mehrmals. Nach dem ersten Flor im Juni folgen etwa vier Wochen später erneut Blüten und sehr oft gibt es dann noch einmal im Herbst ein furioses Blütenfinale. Die Pausen können die Rosen auch durch sogenannte „Bodentriebe“ überbrücken. Das sind junge, bodenbürtige Triebe, die bereits im ersten Jahr blühen. Historische Remontant-Rosen etwa machen verhältnismäßig lange Blühpausen. Moderne Strauchrosen-Züchtungen hingegen stehen kaum einen Tag ohne Blüten da.

Auf gute Nachbarschaft!

Strauchrosen sehen am besten aus, wenn sie aus einer niedrig gehaltenen Pflanzung herausragen können. Flache Stauden oder auch Bodendeckerrosen eignen sich sehr gut als Nachbarn. Doch die

Tipps bei Strauchrosen

> Auch hier sollten Sie nur winterharte, krankheitsresistente Sorten auswählen!

> Vergleichen Sie nach Möglichkeit die Qualität der Blüten. Einige Strauchrosen sind äußerst regenfest, andere haben so zarte Blütenblätter, dass sie leicht verkleben und sehr unansehnlich aussehen.

> Setzen Sie Strauchrosen nie zu dicht nebeneinander oder an andere Gehölze. Rosen brauchen viele Nährstoffe und teilen nicht gerne.

> Strauchrosen dürfen grundsätzlich nicht zu tief zurückgeschnitten werden!

Individualisten im Rosenreich machen auch als einzelne Pflanze – etwa in einem Innenhof oder einer Rasenfläche – einen guten Eindruck. Wer mag, kann sie sogar als Hecke setzen. Am Schönsten wirkt ein freiwachsender, mehrreihiger Saum, wo die Pflanzen ungeschnitten bleiben und sich entfalten können. Dabei sollten Sie darauf achten, dass sich die Pflanzen nicht gegenseitig bedrängen. Viele Rosen sind stark wachsenden Gehölzen wie Falschem Jasmin (*Philadelphus coronarius*) oder Flieder (*Syringa vulgaris*) hinsichtlich ihrer Konkurrenzkraft leicht unterlegen. Unterschiedliche Rosenarten oder -sorten mit vergleichbarer Wüchsigkeit, die in Hinblick auf ihre Blütenfarbe und -größe sorgfältig zusammengestellt wurden, bieten dem Betrachter einen besonders schönen Anblick.

Smart

Schnittig!

> **Strauchrosen** können auch langstielige Schnittblumen liefern. Sorten, die ihre Blüten einzeln und in kleinen Dolden bilden, eignen sich hierfür besonders gut.

'Gertrude Jekyll', eine duftende Strauchrose, stammt aus dem „Rosenreich" Großbritannien.

Blütenformation

Je nach Anordnung der Blüten erzeugen die farbigen Blüten der Strauchrosen eine unterschiedliche Wirkung. Bei einigen Sorten stehen die Blüten einzeln am Strauch so verteilt, dass jede von ihnen von grünen Blättern umgeben ist und wie ein Juwel auf einem Kissen präsentiert wird. Das andere Extrem sind die in dichten Büscheln zusammenstehenden Blüten, die den grün beblätterten Rosenstrauch mit Farbe überziehen.

Rosen für die dritte Dimension

Im Grunde sind Kletterrosen nichts anderes als Strauchrosen; ihr einziger Unterschied besteht darin, dass ihre langen, weichen Triebe nicht ohne Stütze auskommen. Das macht diese Rosen ideal für besondere Pflanzideen und es lassen sich die unterschiedlichsten Gartenecken mit ihnen attraktiv gestalten. Es ist jedoch ein Irrtum anzunehmen, dass Kletterrosen ausschließlich an Wänden gedeihen. Im Gegenteil! Oft sind diese Plätze zu heiß, zu wenig belüftet oder zu arm an Nährstoffen und Wasser, um den reich treibenden und blühenden Pflanzen gerecht zu werden.

An Wände nur ausnahmsweise

Soll eine Kletterrose an einer Wand stehen, hat man Einiges zu beachten. Da Rosen keinerlei Haftorgane ausbilden, muss jeder Trieb an mehreren Punkten an einem soliden Gitter angebunden werden. Kletterrosen bekommen mit der Zeit ein enormes Gewicht und daher ist es wichtig, das Gerüst absolut sicher an der Wand zu installieren. Niemals darf die Rose an der Wand scheuern. Stets muss Luft zwischen der aufgebundene Pflanze und der Wand zirkulieren können – einen Abstand von mindestens 40 cm sollte man einhalten. Südwände sind für Rosen ungeeignet; viel zu schnell stellen sich hier Schädlinge und Krankheiten ein, die Pflanze leidet unter Trockenstress, die Blüten welken und die Farben bleichen aus. Besser sind Ost- und Westseiten, an denen das Klima ausgewogener ist. Reicht die Dachtraufe so weit, dass keine Niederschläge an die Wurzeln gelangen, muss man sehr aufmerksam wässern.

Bei Kletterrosen beherzigen

> Wählen Sie gesunde und möglichst winterharte Sorten, damit sich nach sehr frostigen Jahren nicht der gesamte Strauch regenerieren muss.

> Ein für Rosen geeigneter Standort mit ausreichender Luftzirkulation ist absolut entscheidend für die gesunde Entwicklung der Pflanze!

> Schon vor der Pflanzung muss geklärt sein, wie die Kletterrose solide an einer Stütze angebracht wird. Rosenpflanzen bekommen mit der Zeit ein sehr hohes Gewicht, das sich durch Wind, Schnee und eventuell regennasse Blüten noch erhöht.

Bögen sind ideal

Rosenbögen sind nicht nur sehr dekorative Gartenelemente, sie tragen auch dazu bei, dass die daran empor klimmenden Kletterrosen gesund bleiben. Stehen die Bögen so frei wie auf dem Bild rechts, werden die Pflanzen gut belüftet. So haben es Pilzkrankheiten schwer, sich einzunisten. Als Eingang in einen Garten sind Rosenbögen absolut

'Flammentanz', eine überreich im Juni/Juli blühende winterharte Sorte, eignet sich perfekt für Bögen.

unschlagbar. Neben Bögen gibt es auch andere attraktive Aufbauten, an denen Kletterrosen aufgebunden werden können. Das Angebot im Fachhandel an Obelisken, Gazebos oder Säulen wächst von Tag zu Tag.

Climber oder Rambler

Grundsätzlich unterscheidet man zwei Typen von Kletterrosen:

- **Climber** blühen meist mehrmals im Jahr und ihre jungen Bodentriebe schließen mit Blütenknospen ab, die schon im gleichen Jahr aufblühen. Ihre Höhe schwankt zwischen 2 und 3 m. Im Vergleich mit den geschmeidig wachsenden Ramblern erscheinen sie eher staksig.

Smart

Climbing-Sports

> **Das sind buschig wachsende Rosen,** die spontan lange Triebe bilden und als Kletterrose verwendet werden. Der ursprüngliche Sortenname wird dann durch das Wort 'Climbing' ergänzt.

- **Rambler** bilden lange Bodentriebe aus, die allerdings nicht im gleichen Jahr blühen. Erst im Folgejahr erscheinen zahlreiche Seitentriebe mit vielen Blüten. Die wüchsigsten Rambler können Höhen bis zu 10 m erreichen und lassen sich sogar malerisch in alte Obstbäume hineinleiten. Zwar sind die Einzelblüten der meisten Rambler kleiner als bei den Climbern, dafür beeindrucken gerade Rambler während ihrer Blütezeit im Juni/Juli mit einer Atem beraubenden Blütenfülle.

Rosen für besondere Zwecke

Auch bei den Rosen gibt es Spezialisten, die unsere besonderen Wünsche hinsichtlich Blüte oder Wuchs erfüllen. Zwei, die unterschiedlicher nicht sein könnten, werden hier vorgestellt: Stammrosen und Schnittrosen. Bei Stammrosen kommt es darauf an, dass die gewählte Sorte kompakt und buschig wächst, während Schnittrosen besonders lange Stiele haben sollen und somit eher sparrig wachsen.

Kletterrosen als Hochstamm bezeichnet man als Kaskade. Hier noch einmal die robuste 'Flammentanz', aber im anderen „Look“.

Stammrosen

Keine Rose wächst von Natur aus wie ein Baum. Sogenannte „Rosenbäumchen“ sind mehr oder weniger hohe Stammrosen, die aus zwei Pflanzen zusammengesetzt sind: Eine Wildrose bildet den langen Stamm und auf sie wurde die sogenannte „Edelsorte“ gepfropft (das können ebenso Kletterrosen wie Beet- oder Edelrosen sein), die die blühende Krone bildet. Diese ist nur attraktiv, wenn sie mit dem Stamm harmoniert und eine gut verzweigte Baumsilhouette bildet. Stammrosen sind besonders dem Frost ausgesetzt, weil die Veredlungsstelle keinen Schutz durch die Erde hat. Hier sind extrem winterharte Sorten mit reicher Blüte gefragt! Alle anderen Sorten werden zur Sicherheit mit Stroh und einem Sack oder durch Umbiegen und Eingraben der Veredlungsstelle im Boden vor dem Erfrieren geschützt. Stammrosen brauchen eine stabile Stütze zum Anbinden der Stämme, denn sonst könnten diese brechen.

Für üppige Rosensträuße lohnt sich ein Schnittblumenbeet.

Schnittrosen

Je längere Stiele und je weniger Stacheln eine Rosenpflanze ausbildet, umso besser eignet sie sich für den Vasenschnitt. Doch die Sorten, die in Blumengeschäften angeboten werden, sind in den allerwenigsten Fällen für den Garten geeignet – eine noch so schöne 'Baccara' würde im Freiland kläglich versagen! Doch keine Sorge: Zahlreiche wüchsige und robuste Gartenrosen liefern ebenfalls langstielige Blüten. Anders als im Blumenhandel müssen die Rosen sich auch nicht durch eine extrem lange Haltbarkeit auszeichnen. Meist reicht es aus, dass die Blüten etwa eine Woche lang in der Vase stehen – dann liefern hinreichend große Beete sowieso wieder Nachschub.

Da viele Schnittrosensorten in Gartenbeeten durch ihren straff-aufrechten Wuchs nicht unbedingt attraktiv sind, bietet es sich an, sie in einem Extra-Beet anzupflanzen. Der „hochbeinige" Wuchs kann durch Buchsbaumhecken oder andere Vorpflanzungen etwas kaschiert werden. Gut gepflegte Rosen liefern über Jahrzehnte hinweg zuverlässig zauberhaften Vasenschmuck.

Smart

Viel oder wenig?

> **Je tiefer** ein Rosentrieb zurückgeschnitten wird, desto längere Stiele bildet er aus und desto vollendeter werden die Blüten. Je höher man den Schnitt ansetzt, desto kürzer bleiben die Stiele und desto reicher blüht der Strauch (wenn auch mit kleineren Blüten). Werden die Rosen stark geschnitten, brauchen sie gute Pflege und aufmerksame Düngung.

Kompromisse

Keine Rosensorte kann alle Wünsche gleichzeitig erfüllen. Deshalb ist es wichtig, die Sorten schätzen zu lernen, die zumindest einige der wichtigsten Tugenden in sich vereinen. Viele der neuesten Edelrosen beispielsweise wachsen buschig genug, um attraktive Kronen auf einem Stamm zu bilden und gleichzeitig hinreichend lange Stiele für mittelgroße Vasen auszubilden.

Zu den schönsten Kompromissen gehören die cremeweiße 'Ambiente' und die lachsrosa 'Focus', die zugleich auch recht resistent gegenüber den meisten Pilzkrankheiten sind.

Moderne Rosenromantik

Es ist unübersehbar: Der Nostalgie-Trend hat längst unsere Gärten erreicht und spiegelt sich in dem immer breiter werdenden Angebot alter, historischer und historisch aussehender Rosensorten wider. Sie ähneln sich im Aussehen der dicht gefüllten Blüten – doch damit hören die Gemeinsamkeiten auch schon auf.

Die „Echten“

Als wirklich „Alte Rose“ gilt bei den Puristen nur eine Rosensorte, die vor der ersten Edelrose (damals sprach man von „Teehybride“) namens ‘La France’ gezüchtet wurde; als Datum gilt das Jahr 1864. Alle später entstandenen Rosenklassen und -sorten, etwa Beetrosen, öfter blühende Strauchrosen oder Zwergrosen, gehören also zu den Modernen Rosen, selbst wenn sie ein gutes Jahrhundert alt sind. Zu den „echten“ Alten Rosen rechnet man die einmal blühenden Alba-Rosen, Gallica-Rosen, aber auch Damaszener-Rosen, Zentifolien oder Moosrosen. Alte Rosen, die mindestens zweimal im Jahr blühen, sind Portland-Rosen, Bourbon-Rosen, China-Rosen und Remontant-Rosen. Hartnäckig halten sich zwei Vorurteile über Alte Rosen: Sie alle würden stark duften und sie alle seien widerstandsfähiger gegen die üblichen Pilzkrankheiten als moderne Züchtungen. Beide Vorstellungen von Alten Rosen sind falsch! Bei ihnen gibt es genauso viele duftlose wie duftende Sorten, und um die Blattgesundheit ist es ebenso bestellt wie bei den Modernen Rosen. Schon immer gab es überragend gesunde Sorten, die jahrhundertelang problemlos kultiviert wurden und solche, die den Menschen so ans Herz gewachsen waren, dass sie sich trotz Krankheitsanfälligkeit in den Gärten gehalten haben. Allen gemeinsam ist, dass sie lebendige Brücken in die Vergangenheit schlagen.

Smart

Bewusst auswählen

> **Englische und nostalgische Rosensorten** gleichen sich in ihren Blüten; Höhe und Form der Sträucher sind aber variabel und müssen berücksichtigt werden.

Die „neuen Alten“

Viele historische Rosen haben den gravierenden Nachteil, dass sie nur ein-

Die besten historischen Rosensorten

> „Echte“ Alte Rosen: ‘Rose de Resht’ (kirschrot), ‘Stanwell Perpetual’ (zartrosa), ‘Madame Boll’ (reinrosa), ‘Little White Pet’ (weiß), ‘Semiplena’ (weiß), ‘Tuscany’ (tief rot), ‘Köngin von Dänemark’ (rosa)

> „Neue“ Alte Rosen: ‘Eden Rose’ (weiß-rosé), ‘Lady of Shalott’ (orange-lachs), ‘Munstead Wood’ (tiefrot), ‘Artemis’ (weiß), ‘Teasing Georgia’ (zartgelb), ‘Sebastian Kneipp’ (zartrosa)

mal im Jahr blühen. Hinzu kommt, dass bei den dicht gefüllten Zentifolien oder Moosrosen die einzelnen Blütenblätter so zart sind, dass sie bei nassem Wetter zusammenballen und statt der ersehnten Blüten nur graubraune Klumpen bilden. Heutige Züchter, allen voran der Brite David Austin, haben daher Sorten entwickelt, die zwar aussehen wie von „Anno Dazumal", aber anhaltender blühen, regenfestere Blüten haben und als Zugabe mit völlig neuen Farbzusammenstellungen die Palette der Rosenfarben bereichern. Austin gelang es als erstem, die Vorzüge alter und moderner Rosen zu kombinieren und es entstanden durch seine Hand die sogenannten „Englischen Rosen".

Da jedoch nicht alle Sorten von der britischen Insel unter kontinentalen Bedingungen gut gedeihen, ist es sehr begrüßenswert, dass auch französische und deutsche Züchter Sorten mit nostalgischem Flair entwickelt haben. Züchter wie Tantau, Kordes und Meilland haben sich hier besonders hervorgetan und die älteste Rosenschule Deutschlands, Schultheis in Bad Nauheim, steuert immer wieder interessante Neuheiten bei.

Neben den gängigen Rosenklassen wie Beetrosen oder Edelrosen haben sich die historischen und nostalgisch anmutenden Sorten mittlerweile einen festen Platz in den Gärten zahlreicher Rosenliebhaber erobert.

'Golden Celebration' zählt zu den besten Englischen Rosen und blüht in ungewöhnlich tiefem Gelb.

Rosen sind Sonnenkinder

Macht man sich bewusst, wo Wildrosen ohne Zutun der Menschen gedeihen, erschließen daraus sich die Standortansprüche der Gartenrosen sehr leicht: Meist ist der Platz sonnig, und die Rose steht relativ frei. Sie wird nicht durch konkurrierende Wurzeln und Triebe im Wachstum beeinträchtigt. An Wiesen und in lockeren Gehölzrainen wird außerdem die Luft immer ein wenig bewegt. Gartenrosen profitieren ebenfalls von Plätzen, an denen ihnen keine hohen Bäume oder zu dicht stehende Begleitpflanzen das Licht nehmen.

Schattenplätze sind also völlig ungeeignet. Standorte, an denen Mauern oder Hauswände nur einen halben Tag Sonne durchlassen, können für einige robuste Sorten hingegen sehr gut geeignet sein. Die derzeit so populären Rambler-Rosen, die jedes Jahr im Juni/Juli überschäumend blühen, gedeihen überraschend gut an halbschattigen Orten. Tief dunkelrot blühende Rosen sollten übrigens auch vor zu starker Mittagssonne geschützt werden. Zu leicht heizen sich die dunklen Blüten so stark auf, dass sie regelrecht verbrennen oder dass der schöne Rotton in ein flaches Purpur „verblaut“.

Smart

Alle Wetter!

> **Rosen sind** entgegen aller Behauptungen keine „Sensibelchen“. Ist der Standort geeignet, überstehen sie sowohl extrem sonnige als auch verregnete Sommer. Zwar kann die tatsächliche Blütenanzahl, ihre Größe oder die Laubgesundheit leiden. Gut gepflegte Rosen regenerieren sich auch nach „Jahrhundertsommern“ immer wieder.

Rosen für besondere Standorte

> Für den Halbschatten eignen sich: ‘Veilchenblau’ (Rambler, violett), ‘Climbing Etoile de Hollande’ (Climber, tief rot), ‘Penelope’ (Strauch, zart apricot), ‘Madame Alfred Carrière’ (Strauch, weiß), ‘Souvenir du Docteur Jamain’ (Strauch, tief purpurviolett), ‘Paul‘s Himalayan Musk’ (Rambler, blassrosa)

> Viel Sonne vertragen: ‘Dortmund’ (Strauch, rot), ‘Rosarium Uetersen’ (Strauch, neonrosa), ‘Palmgarten Frankfurt’ (Bodendecker, pink), ‘The Fairy’ (Beetrose, zartrosa), ‘Diamant’ (Bodendecker, weiß), ‘Alcantara’ (Bodendecker, dunkelrot), ‘Loredo’ (Beetrose, gelb)

Sonne ohne Hitze

Rosen sind Pflanzen der Sonne. Das darf jedoch nicht dazu verleiten, sie an brütend heiße Plätze zu setzen. Umgebende Mauern und gepflasterte Flächen können Sonnenstrahlen extrem stark reflektieren. So entsteht eine brütende Hitze mit Luftstau. Hier gedeihen zwar mediterrane Kräuter, aber die meisten Rosen

Der Rambler 'Wedding Day' blüht – wie alle seiner Klasse – überreich von Juni bis Juli.

kommen an solchen Plätzen schnell an ihre Grenzen. Sie geraten unter Stress und werden rasch von Schädlingen und Pilzkrankheiten befallen. Ein und dieselbe Sorte kann in einem Beet in einer Rasenfläche perfekt gesund sein, während sie zwischen der gepflasterten Einfahrt und der geteerten Straße kümmert. Nur genügsame Rosen wie Rugosa-Rosen mit ihren großen Hagebutten tolerieren solche Standorte und werden deswegen in vielen öffentlichen Anlagen gepflanzt. Der Platz für eine Kletterrose muss ebenfalls überlegt ausgesucht werden. Zu gern werden sie zum Beranken an eine Hauswand gepflanzt – doch diese Verwendung hat ihre Tücken. Südwärts ausgerichtete Wände beispielsweise sind in der Regel ungeeignet. Hier ist Hitzestau vorprogrammiert und Spinnmilben, Zikaden, Rosenrost und ähnliche Quälgeister würden sich ein Stelldichein geben. Viel besser eignen sich Ost- oder Westseiten für Kletterrosen. Hier ist es sonnig genug, ohne heiß wie Wüstenklima zu werden.

Luftbewegung

Ausnahmslos alle Rosen müssen so stehen, dass ihr Laub nach einem Regen bald wieder abtrocknen kann. Luft muss ungehindert zwischen Zäunen, Mauern oder Begleitpflanzen durch die Rosensträucher streichen können. Man sollte dabei aber nicht über das Ziel hinausschießen und die Rosen an einer zugigen Ecke platzieren, wo kalte Winde pfeifen. Hier wird die Pflanze bald von Schädlingen befallen und kann im Winter rasch Frostschäden bekommen.

Boden und Wasser als Lebenselixier

Ausschlag gebende Bedingungen, die über das Gedeihen der Pflanzen entscheiden, sind neben Licht und Luft die Bodennährstoffe und ein gewisses Maß an Feuchtigkeit, mit der sie aufgenommen werden können. Auch hier hilft wieder ein Blick auf den natürlichen Standort der Wildrosen: Sie wachsen weder in Sümpfen noch auf ausgesprochen trockenen, mageren Böden. Auch in sauren, sandigen Böden sind nur wenige Rosenarten zuhause. Wiesen, Triften und Waldränder sind ihre Domäne. Oft gehören Wildrosen zu den Pioniergehölzen, die Stellen besiedeln, an denen vorher nur wenige Gehölze wuchsen.

Nie zu nass …

Rosen schlagen sich auf vielen Böden durch, doch bei Staunässe kapitulieren auch die robustesten Vertreter der Rosenriege. Sehr lehmige Böden und stark verdichtete Plätze sind für Rosen ungeeignet. Letztere kommen oft in Neubaugebieten vor, wenn schwere Baumaschinen oder Fahrzeuge zu oft oder zu lange auf eine Fläche einwirkten. Selbst lockere Sandböden können derart zusammengedrückt werden, dass sich Wasser ansammelt. Eine solche Wasserschicht bedeutet den sicheren Tod der Wurzeln und folglich der Pflanzen. Also: Lehmböden und verdichtete Böden müssen gelockert und dräniert werden, damit das Wasser abfließen kann. Zusatzstoffe wie Sand, Kompost oder ähnliches können dafür vorteilhaft sein.

… und nie zu trocken

Fast genauso problematisch wie zu nasse Böden sind leichte Sandböden. Hier können die Wurzeln zwar nicht faulen, aber die Pflanzen leiden schnell unter Trockenheit und Nährstoffmangel, da das Wasser sehr schnell abläuft und die Wurzeln dann keine Nährstoffe nachliefern können. Auf sandigen Böden droht zusätzlich noch die für Rosen ungünstige Versauerung. In Folge davon können die Wurzeln wichtige Nährstoffe nicht aufnehmen und es

„Regenfeste" Rosen

> Folgende Rosen haben so resistente Blätter, dass sie auch in nassen Sommern nicht krank werden. Ihre Blütenblätter sind fest genug, dass sie auch bei Dauerregen nicht verkleben: 'Heidetraum' (Bodendecker, pink), 'Schneeflocke' (Bodendecker, weiß), 'Sterntaler' (Beet, gelb), 'Fortuna' (Beet, rosa), 'Awakening' (Climber, blassrosa), 'Rotilia' (Beet, rot), 'Focus' (Edel, lachsrosa), 'Bonica '82' (Beet, rosa), 'Christoph Columbus' (Edel, lachsorange), 'Ghislaine de Feligonde' (Strauch, zart apricot), 'Play Rose' (Beet, rosa), 'Centenaire de Lourdes' (Strauch, rosa), 'Estima' (Beet, hellrosa)

kommt zu Mangelerscheinungen. Zu sandige Böden werden mit Lehm oder Kompost versetzt. Ziel ist, die Wasserhaltefähigkeit zu verbessern. Bei allen Bodenverbesserungen darf der Anteil an Mineralien nicht ins Hintertreffen gelangen. Speziell aufbereitete Gesteinsmehle können hier weiterhelfen. Rosen werden maximal zweimal pro Jahr gedüngt – einmal im April, ein zweites Mal Ende Juni/Anfang Juli. Auf gar keinen Fall darf zu viel Stickstoff verabreicht werden, da

Die extrem gesunde 'Centenaire de Lourdes' gedeiht auch bei weniger optimalen Bedingungen.

sonst die Rosen weiche, mastige Triebe und Blätter ausbilden.

Ganz wichtig ist es, den Boden tiefgründig zu lockern. Rosenwurzeln reichen bis weit in den Boden hinein. So können die Pflanzen Trockenzeiten besser überstehen als Flachwurzler. Möchte man Rosen in Töpfe setzen, verwendet man daher eher hohe Gefäße mit etwa einem halben Meter Wurzelraum. Um Fehlernährung zu vermeiden, verwendet man grundsätzlich spezielle Rosenerde. Aufmerksames Gießen ist die wichtigste Pflege. Trocknen die Töpfe aus oder vernässen sie, kümmert die Rose im Wuchs. Stellen Sie daher die Töpfe besser nicht an Plätzen mit praller Mittagssonne auf.

Smart

Dauerregen-Tipps

> **Entfernen Sie alle** verblühten Rosen sofort. Auf dem Laub haftende Blütenblätter leisten Pilzkrankheiten Vorschub und die verklumpten Blüten sind kein schöner Anblick.

> **Schneiden Sie** die sich färbenden Rosenknospen für die Vase. Sind die äußeren Blütenblätter verklebt, löst man sie etwas, damit sich die Blüte öffnen kann.

Mit Blütenfarben malen

Neben den Grundregeln der Rosenpflege gilt es sich über die Gestaltung mit diesen Pflanzen Gedanken zu machen. Die harmonische Wirkung einer Gartenpflanze ergibt sich über die Zusammenstellung mit anderen Pflanzen in einem Beet. Ein wichtiges Kriterium ist dabei die Farbgebung. Anders als bei der Kombination farbiger Textilien spielt das stets vorhandene Grün der Blätter eine puffernde Rolle. Schwarz, Grau und Braun treten in erster Linie als nicht-pflanzliche Gartenelemente auf; reines Blau ist in der Pflanzenwelt sehr selten. Trotz dieser Einschränkungen ist die Farbpalette der Blüten gerade bei Rosen so reichhaltig, dass man die Gestaltungsmöglichkeiten kaum ausschöpfen kann. Vielblütige Beet- und Strauchrosen bringen mit ihren großen Blütenständen reichlich Farbe in das Geschehen. Sicher wirken bei den großblumigen Edelrosen die Farben ebenfalls, doch sie sind von wesentlich mehr Grün umgeben und deshalb längst nicht so eindeutig und plakativ.

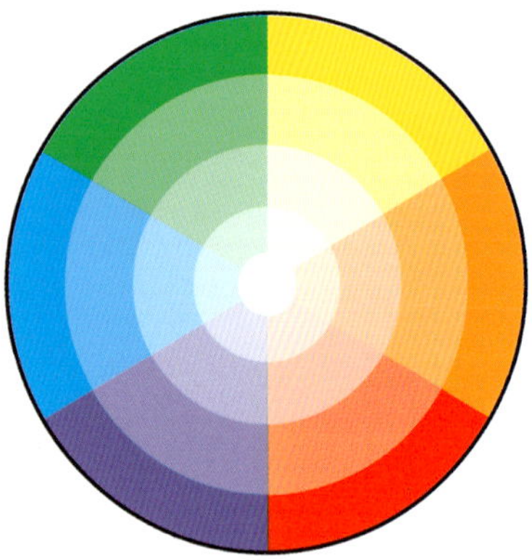

Der Farbkreis veranschaulicht, dass Nachbarfarben und Aufhellungen einer Farbe harmonisch zueinander wirken.

Bei dem Einsatz von Farben gibt es zwei grundsätzliche Vorgehensweisen: Entweder setzt man auf Harmonie oder auf Kontrast. Um das zu verstehen, hier ein kleiner Ausflug in die Farbenlehre. Links abgebildet ist ein Farbkreis. Er besteht aus den Grundfarben Rot, Blau und Gelb, zwischen denen die jeweiligen Mischfarben Violett, Grün und Orange angeordnet sind. Das Prinzip könnte jetzt fortgeführt werden, indem zwischen benachbarte Farben deren Mischtöne eingefügt werden. Der Farbkreis wird so immer reichhaltiger und die entstandene Farbpalette immer feiner abgestuft.

Farb-Harmonie

Als harmonische Farbkombinationen gelten Farben, die im Farbkreis nebeneinander liegen. Man spricht auch von einer „Harmonie der Nachbarfarben“. Nach unserem Empfinden ist das allerdings im Rotbereich kritisch – kühle Purpur- und warme Signalrot-Töne liegen zwar relativ eng beisammen, sind aber den meisten Zeitgenossen ein Gräuel. Wesentlich einfacher ist die Kombination aufgehellter Nachbarfarben, die in der Mitte des Farbkreises dargestellt sind. Gerade diese Farben sind bei den Rosen stark vertreten: zartes Rosa als aufgehelltes Rot; Lachs und Apricot, wenn Weiß dem Signalrot und Orange zugesetzt wurde; außerdem alle silbrigen, kühlen Rosatöne, die sich vom Purpur ableiten. Diese hellen, pastellfarbenen Töne lassen sich vorzüglich zusammenstellen.

Die Beetrose 'Sommerwind' passt sehr gut zu zartfarbenen Begleitern.

Hier und da ein „Vollton" belebt das Ensemble. Eine solche Farbgebung bezeichnet man landläufig als „Ton-in-Ton"-Arrangement.

Farb-Kontrast

Während Farbharmonien als beruhigend gelten, bringt man mit bewusst vorgenommenen Farbkontrasten Spannung und Leben in ein Beet. Starke Farbkontraste entstehen durch die beiden Farben, die sich im Farbkreis gegenüber liegen, also Violett und Gelb, Blau und Orange oder Rot und Grün. Letztere Kombination lässt sich sehr einfach im Garten verwirklichen, indem man rot blühende Pflanzen verwendet. Das kontrastierende Grün steuern bereits die Blätter bei. Vielleicht sind deswegen rote Blumen allgemein so beliebt?

Beim Umgang mit kontrastierenden Farben gilt als Faustregel:
„Von einem nimm viel, vom anderen wenig." Gleich große Flächen, beispielsweise von Violett und Gelb, würden stark miteinander konkurrieren. Ein violetter Akzent, beispielsweise durch dunklen Lavendel in einem gelb blühenden Rosenbeet, steigert die Wirkung beider Farben. Man kann gemäß dieser Regel auch die aufgehellte Variante einer Farbe neben den Vollton der komplementären Farbe setzen.

Smart

Weiß trennt

> **Weiß** kann man gut als Barriere oder „Stopper" zwischen zwei konkurrierenden Farben einsetzen. So nimmt man sie nicht als Kombination, sondern getrennt voneinander wahr.

Mit Blütenformen spielen

Mindestens genauso wichtig für die Gestaltung mit Pflanzen wie die Blütenfarben sind die Blütenformen und -größen. Hier spricht man ebenfalls von Formengleichheit (oder -harmonie) und Formenkontrasten. Auch bei den Blütenformen lassen sich durch Ähnlichkeiten ruhige, sanftere Stimmungen erzielen, während unterschiedliche Blütenformen spannend und anregend wirken. Wenn man dazu noch die Farben gezielt als Harmonie oder Kontrast einsetzt, verstärkt man die beabsichtigte Wirkung zusätzlich.

Harmonie durch ähnliche Formen und Farben mit Päonien, Zier-Lauch und Rosen.

Formengleichheit

Die Rose selbst gibt in ihrer Blüte eine mehr oder weniger runde Form vor. Diese lässt sich durch zahlreiche begleitende Pflanzen aufnehmen und in verschiedenen Größen variieren: Von der winzigen, runden Schleierkrautblüte (die in ihrer Gesamtheit auch wieder ein rundes Polster formt) bis hin zur eindrucksvollen Päonie. Bleibt man mit allen diesen Blüten im harmonischen Farbbereich, präsentiert sich ein sehr dezentes Pflanzenbild wie links gezeigt. Natürlich können auch kontrastierende Farben verwendet werden. Die gleichen Formen würden eine gewisse Ruhe in die Pflanzung bringen, während eine komplementäre Farbkombination, etwa aus orangefarbenen Rosen und blauen Kornblumen, für Lebendigkeit sorgt. Ein interessantes „Verwirrspiel" kann man mit runden grünen Blüten hervorrufen, indem man beispielsweise bestimmte Zinniensorten zusammen mit roten Rosen pflanzt.

Kontraste durch unterschiedliche Blütenformen und -farben; hier setzen Rosen reizvolle Akzente.

Formenkontraste

Die klassischen Begleitpflanzen der Rosen, also Lavendel, Rittersporn oder Lilien, haben allesamt andere Formen als die Rosen selber. Oft sind die Blütenstände lang und aufstrebend. Die klassischen Königs- und Madonnen-Lilien haben trompetenförmige Blüten, die frei auf schlanken Stielen stehen. Sehr reizvoll ist es, unterschiedliche Blütenformen in einer Farbgruppe zusammenzuführen. Ganze Gärten oder Gartenpartien, die unter ein strenges Farbkonzept gestellt wurden, müssen sogar mit unterschiedlichen Blütenformen gestaltet werden.

Smart

Gruppen bilden

> **Die Blüten- oder Wuchsformen** der meisten Gartenpflanzen wirken am besten, wenn sie in kleinen oder größeren Gruppen stehen. Einzelne Pflanzen „verlieren“ sich leicht.

Formenkontraste lassen sich auch spannend durch unterschiedliche Farben verstärken. Ein Beispiel: Rosa Rosen mit zartvioletten Lavendelpulks sehen vornehm und dezent aus. Gelbe Rosen zum gleichen Lavendel wirken dagegen fröhlich und durch die unterschiedlichen, sich gegenseitig steigernden Farben leuchtend bunt. Das Bild links veranschaulicht, wie unkompliziert eine Kombination verschiedener Formen und Farben im Garten wirken kann. Blütengröße, Blütenformen und deren Verteilung bestimmen das Bild.

Wuchsformen

Die Wuchsform einer Pflanze beeinflusst die Gestaltung ebenso wie Blütenformen und -farben. Besonders schön wirkt Abwechslung: Straff-aufrecht wachsende Pflanzen kombiniert man im richtigen Verhältnis mit ausgebreitet wachsenden oder buschigen Pflanzen. Auch das Laub sollte in verschiedenen Grüntönen glänzen. Hier gilt ebenso das „Viel-Wenig-Prinzip“, bei dem man die Wuchsformen in unterschiedlichen Mengen zum Ensemble vereint.

Eine Frage des Charakters

Der Charakter einer Pflanze wird nicht nur durch Form und Farbe der Blüten bestimmt. Die Wuchsform, die Anordnung und Stellung von Blättern und Blüten sowie viele Details des jeweiligen Gewächses fügen sich zu einem Gesamtbild, das unterschiedlich anmuten kann. Niemand wird bestreiten, dass beispielsweise die unten abgebildeten Rosenbögen äußerst romantisch, klassisch und verträumt wirken, während in der Abbildung rechts die Pflanzung unkompliziert und natürlich aussieht. Das reiche Sortiment der Rosensorten beinhaltet sehr unterschiedliche Charaktere.

Ein märchenhafter Arkadengang entsteht durch die sorgfältig aufgebundenen Rosenbögen.

Die Vielfalt gliedern

Rose ist nicht gleich Rose. Selbst Sorten mit gleicher Farbe und ähnlichem Wuchs können sich gravierend unterscheiden. Daher ist es sinnvoll, sich vor der Auswahl einer Rosensorte ein genaues Bild von ihr zu machen. An dem Charakter der Rose werden alle ihre Begleiter ausgerichtet. Handelt es sich um eine anmutige, romantische Rosenerscheinung, sollten auch die dazu gepflanzten Stauden wie aus einem Märchengarten wirken. Grazile Formen und feine Farben, etwa von zartvioletter Katzenminze (*Nepeta*) oder kleinen rosa Herzblumen (*Dicentra*), sorgen für die passende Stimmung. Fällt die Wahl auf natürlich wirkende Rosen, kann bei gleicher Farbgebung mit den richtigen Begleitpflanzen eine völlig andere Gartenstimmung kreiert werden: Glockenblumen (*Campanula*), Edel-

Im naturnahen Garten wachsen unkomplizierte Rosen und Begleiter scheinbar ungeordnet.

disteln (*Eryngium*), Malven (*Alcaea*) oder Garten-Margeriten (*Leucanthemum*) sind typische Pflanzen für einen fröhlich-unkomplizierten Look. Wer es farbenfroh mag, bedient sich bei leuchtend gefärbten Beetrosen, etwa in Signalrot, Goldgelb oder Pink. Hierzu sind temperamentvolle Nachbarpflanzen gefragt! Orangegelbe Taglilien (*Hemerocallis*), lackroter Mohn (*Papaver*) und intensiv blauer Rittersporn (*Delphinium*) gehören zur ersten Wahl.

Der Gartenstil

Hat man sich erst einmal entschieden, in welchem Stil ein Garten oder eine Gartenpartie gestaltet werden soll, lassen sich mit etwas Überlegung die perfekten Pflanzen dafür finden. Bauerngärten zeichnen sich durch eine Mischung romantischer und naturbelassener Pflanzen aus – ein Muss dazu sind Buchsbaumhecken. Rosenhochstämme fehlen hier ebensowenig wie die Klassiker Madonnen-Lilien (*Lilium candidum*), Lavendel (*Lavandula*) oder Ringelblumen (*Calendula*). Garten-Accessoires müssen ebenso zum Stil passen. Im Bauerngarten können Rosenkugeln, eine Sonnenuhr oder ein bewachsener Rosenbogen das Bild abrunden. Es gibt aber auch Gartenfreunde, die mit der Bauerngartenherrlichkeit nichts anfangen können, sondern klare, geometrische Linien bevorzugen. Besonders die weißen, edel wirkenden Rosen kommen hier voll zur Geltung. Exakte Rasenkanten, in Form geschnittene Gehölze und Hecken, Matten bildende Bodendecker sowie moderne Plastiken, leuchte Kugellampen und glatte Steine ergänzen sich zu modernen Ensembles.

Es geht aber auch deutlich „wilder". Gerade die in den letzten Jahren populär gewordenen Bodendeckerrosen haben eine überschäumende Wuchskraft, die ausgezeichnet zu naturnah anmutenden Begleitern passt. Als flankierende Gartenelemente unterstützen Natursteine, geflochtene Weidenwerke oder sich windende Bachläufe den Stil einer solchen Pflanzung.

Smart

Pflanzen erkennen

> **Um die passenden Pflanzen** für ein bestimmtes Gartenthema zu finden, sollte man sich zunächst in Parks oder auf Gartenschauen ein möglichst genaues Bild von ihnen machen.

Ganz schön lecker!

Rosen sind nicht nur schön, sondern auch sehr schmackhaft. Sowohl die Blütenblätter als auch die reifen Hagebutten haben ein delikates Aroma, das jeden Feinschmecker begeistert.

Verarbeitet werden ausschließlich Blüten und Früchte von ungespritzten Pflanzen. Möchte man Blüten verwerten, wählt man stark duftende Sorten mit vielen Blütenblättern aus – 'Rose de Resht' etwa eignet sich vorzüglich! Sind Hagebutten gewünscht, wählt man einfach blühende Sorten, die viele und große Früchte ausbilden, beispielsweise die Rugosa-Rose 'Rotes Meer'. Bei allen Blütenblättern werden die weißlichen, bitteren Ansätze abgezupft. Von den Hagebutten verwendet man nach dem Entfernen der Härchen und Samen nur das Mark.

Sträuße, Kränze, Likör, Potpourris, Gelees, Tees, Duftsäckchen – welche andere Blume lässt sich so vielfältig einsetzen wie die Rose?

Kulinarische Genüsse

▸ **Rosentee**
Frische oder getrocknete Blütenblätter und Grünen, wahlweise Schwarzen Tee zusammen aufbrühen.

▸ **Rosenzucker**
Zwei Handvoll Blütenblätter trocknen und in einem geschlossenen Glas mit etwa drei Tassen Puderzucker aufbewahren. Der aromatisierte Zucker verfeinert alle Süßspeisen.

Hagebuttenmark – ein gesunder Vitamin-Aufstrich!

▸ **Rosen-Bowle**
Etwa zwei Handvoll Blütenblätter gemeinsam mit zwei Esslöffeln Zucker und 1 l trockenem Weißwein eine Stunde lang im Kühlschrank ziehen lassen. Anschließend die Blüten entfernen und mit 1 l Sekt aufgießen. Dann mit schwimmenden Rosenblüten oder Blütenblättern servieren.

▸ **Hagebuttenmark**
Vorbereitete Hagebutten mit Wasser oder Wein bedecken und eine knappe Woche dunkel stellen. Die aufgeweichte Hagebuttenmasse durch ein feines Sieb passieren und zu Joghurt oder Speiseeis servieren.

▸ **Hagebutten-Quitten-Chutney**
250 g vorbereitete und zerkleinerte Hagebutten, 250 g entkernte und gewürfelte Quitten mit einer gewürfelten Zwiebel, zwei Knoblauchzehen, zwei Gewürznelken, einer Prise geriebenen Ingwer, zwei Tassen braunem Zucker einer Tasse Weinessig sowie einer Prise Salz und Pfeffer unter Rühren erhitzen, bis die Früchte zerfallen und das Ganze etwas geliert. Gewürznelken und Knoblauchzehen entfernen und die Masse in sterilisierte Gläser füllen, die fest verschlossen werden. Wie Marmelade aufbewahren. Ideal zu herzhaftem Fleisch!

▸ **Hagebuttenmarmelade**
Etwa 500 g vorbereitete Hagebutten einen Tag lang in Wasser einweichen und dann aufkochen. Sind sie weich genug, die Masse durch ein Sieb streichen und mit der gleichen Menge Zucker und dem Saft einer Zitrone aufkochen lassen. Nach gut zehnminütiger Kochzeit in sterilisierte Marmeladengläser füllen. Für eine interessante Geschmacksnote mit etwas Zimt oder Ingwer würzen.

▸ **Hagebuttentee**
Pro Tasse Wasser einen Löffel getrocknete Hagebutten 10 Minuten aufkochen und ziehen lassen. Honig dazu geben.

Rosen-Praxis

Clever anfangen

Haben Sie für Ihre Rosen einen sonnigen Platz mit hinreichend gutem Boden gefunden, kann gepflanzt werden. Mit den richtigen Tricks und etwas Know-how kann man bereits bei der Auswahl der Pflanzen die richtigen Weichen stellen.

Qualität geht vor

Schon beim Kauf einer Rosenpflanze sollte man die Augen offenhalten. Die größte Auswahl an unterschiedlichen Rosensorten hat man, wenn man die laublosen Pflanzen ohne Topf im Winterhalbjahr zwischen Oktober und März ersteht. Gute Rosenschulen, die ein reichhaltiges Sortiment führen, verschicken diese sogenannte „wurzelnackte" Ware und bieten gute Qualitäten an. Pflanzen der sogenannten „A-Qualität" haben mindestens drei kräftige Triebe, von denen zwei direkt der Veredlungsstelle entspringen müssen. Lediglich einige wenige Sorten, die im Jugendstadium schwach wachsen (das aber später doppelt und dreifach aufholen) dürfen mit nur zwei starken Trieben als A-Qualität verkauft werden. Immer mehr Rosen werden von Mai bis September als blühende Pflanzen in sogenannten „Containern" angeboten. Ihr Vorteil ist, dass ein unbewanderter Rosenfreund die ausgewählte Sorte vor Augen hat. Nachteilig ist, dass es sehr viele äußerst gartenwürdige Sorten gibt, die im Container nicht attraktiv aussehen oder die so spärlich wachsen, dass sie von den Gärtnern erst gar nicht als Containerrose angeboten werden. Leider konzentriert sich das Sortiment so auf die Beet- und Bodendeckerrosen.
Ausschlag gebend für den Preis ist in erster Linie die Größe des Containers und folglich der Pflanze. Sowohl Büsche als auch Hochstämme und beeindruckende Solitärpflanzen werden bereitgehalten. Wichtiger als die Ausmaße der Pflanze ist das gut ausgebildete Wurzelwerk. Das Verkaufsgefäß muss so gut durchwurzelt sein, dass der Wurzelballen beim Austopfen nicht auseinander fällt.

Einkaufstipps

> Hat der Anbieter vor Ort einen Rosengarten, in dem die Rosen ausgepflanzt sind, sollte man vor dem Kauf die Sorten am besten „live" ansehen. Bei problematischem Wetter bzw. im Herbst offenbart sich die wirkliche Güte der Sorte am besten; was dann noch eine gute Figur macht, gehört zur ersten Wahl.

> Niemals Pflanzen kaufen, deren Blätter krank oder befallen sind, deren Rinde verletzt ist oder die deutliche Mangelsymptome aufweisen.

> Wurzelnackte Pflanzen in Kunststoff-Verpackungen dürfen keine Austriebe haben.

Billig kann teuer werden

Wie überall gibt es auch bei Pflanzenanbietern zuweilen echte „Schnäppchen", also Pflanzen von guter Qualität, die aus Image- oder anderen Marketinggründen zu niedrigen Preisen verkauft werden. Handelt es sich um renommierte Baumschulen oder Rosenspezialisten, spricht nichts gegen das Wahrnehmen solcher Angebote. Vorsicht ist jedoch bei Rosenpflanzen aus dem Supermarkt geboten. Oft wurden die Pflanzen mit viel Dünger und Chemie im Ausland herangezogen, wo die Arbeitskraft billig zu bekommen ist. Während sie beim Verkaufszeitpunkt „etwas hermachen", fangen sie kurze Zeit später unter hiesigen Bedingungen an zu kränkeln. Außerdem finden sich hier viele ältere Sorten, die aufgrund der schlechten Krankheitsresistenzen längst aus dem Sortiment des Fachhandels verschwunden sind. Hat man sich denn aus guten Gründen für eine Rosensorte entschieden oder möchte man ein spannendes Farbkonzept realisieren, sollte man sich nicht kurzfristig für eine abweichende Billiglösung entscheiden. Fast immer führt das Resultat am Ende doch zur Unzufriedenheit und das Beet wird neu bepflanzt – die vermeintliche „Einsparung" wird doppelt so teuer.

'Madame Boll' ist eine stark duftende Portland-Rose, die mehrmals im Jahr blüht.

Smart

Bunte Blätter

> **Beim Kauf von Pflanzen** per Katalog kann man sich in aller Ruhe mit dem Sortiment auseinandersetzen. Man muss aber beachten, dass Kataloge Verkaufshilfen sind! Hin und wieder werden Sorten schöner, innovativer und gesünder dargestellt, als sie es in Wirklichkeit sind. Ein gesundes Misstrauen ist daher angebracht.

Pflanzung
Schritt für Schritt

Rosen, die umsichtig und fachgerecht gepflanzt wurden, wachsen problemlos an und wurzeln so gut ein, dass sie jahrzehntelang üppig wachsen und uns mit ihrer reichen Blüte erfreuen.

Bevor die Pflanze in den Boden kommt, wird ein sorgsam ausgesuchter Platz gründlich durchgearbeitet. Steine oder Wurzeln müssen entfernt werden. Der Boden wird mindestens ein Spatenblatt tiefer gelockert, als das eigentliche Pflanzloch tief sein muss, um die junge Pflanze aufzunehmen. Böden mit einem extremen Tongehalt müssen mit Sand gelockert werden. In stark sandigen Böden sollte man Lehm einarbeiten.

Müde Böden?

Auch das gibt es! Böden, auf denen schon Rosen oder Rosengewächse wie Zierquitten (*Chaenomeles*) standen, eignen sich nicht ohne weiteres für eine Rosen-Neupflanzung. Auch in einem Rosenbeet, bei dem durch Ungeschick oder Frost eine Pflanze eingegangen ist, kann man nicht an derselben Stelle eine Ersatzpflanze setzen. Alle neu gepflanzten Rosen kümmern selbst bei optimaler Sonne, Luft und Pflege vor sich hin. Die Ursache sind vermutlich mikroskopisch kleine Älchen, die sich im Boden um die eingewachsene Rose angesiedelt haben, ohne diese zu schädigen. Den Wurzeln neuer Pflan-

1 Wässern Wurzelnackte Rosen legt man mindestens zwölf Stunden vor der Pflanzung in Wasser; dann können sie nicht vertrocknen. Rosen mit Ballen haben aktive Wurzeln. Sie werden nur kurz getaucht oder gegossen. Bei ausgedehnten Tauchbädern sterben die Wurzeln ab.

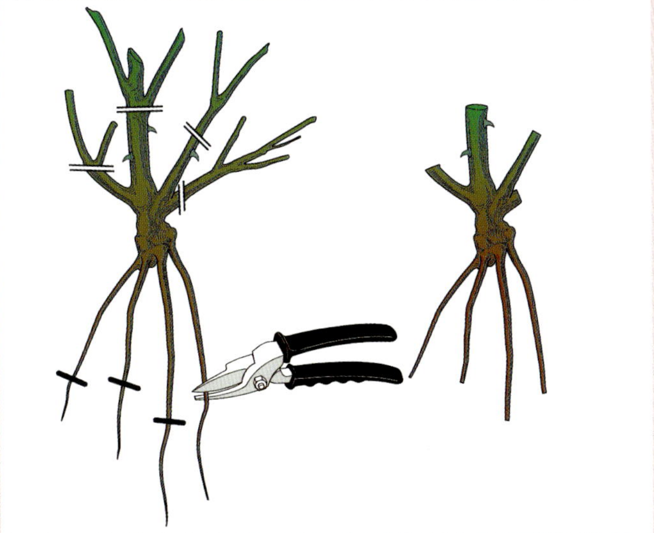

2 Pflanzschnitt Zu stark vergabelte Zweige werden unterhalb ihrer Verzweigung gekappt. Alle Zweige, die deutlich dünner als ein Bleistift sind, entfernt man. Die verbleibenden Triebe schneidet man etwa auf ein Drittel der ursprünglichen Länge zurück. Feine Faserwurzeln schont man, aber die dickeren Wurzeln werden um ein Drittel, maximal um die Hälfte eingekürzt.

zen können sie aber erheblichen Schaden zufügen. Man kann versuchen, durch Zwischenpflanzung von Studentenblumen (*Tagetes*) diesen Effekt zu mildern – allerdings nur mit mäßigem Erfolg. Nur wenn eine solche Fläche über mindestens ein Jahrzehnt brach liegt, hat man die Chance, dass sich der Boden von selbst regeneriert. Will man aber nicht so lange warten und sofort neue Rosen pflanzen, kommt man um einen kompletten, etwa 60 cm tiefen Bodenaustausch der alten gegen neue, unverbrauchte Erde nicht herum.

3 Pflanztiefe Das Pflanzloch muss so tief ausgehoben werden, dass die knubbelige Veredlungsstelle etwa drei Finger breit mit Erde bedeckt ist und die Wurzeln soviel Platz haben, dass sie weder knicken noch sich nach oben wegbiegen.

4 Anhäufeln Frisch gepflanzte Rosen können rasch austrocknen. Darum häufelt man einen etwa maulwurfshaufengroßen Hügel um die Pflanze an. Dazu wird Kompost oder Erde von einem anderen Beet verwendet.

Immer gut abschneiden

Eigentlich unverständlich, dass um den Rosenschnitt immer ein so großes Geheimnis gemacht wird. Es ist keineswegs nur Experten vorbehalten, Rosen richtig zu stutzen. Ein wenig Grundwissen und konzentriertes Vorgehen reichen dazu aus.

Scharfe Scheren

Genau genommen fügt man mit jedem Schnitt der Pflanze eine Wunde zu, die verheilen muss. Je glatter der Schnitt erfolgt, desto rascher verheilt die Schnittstelle. Fransige Schnittkanten oder durch eine stumpfe Ambossschere gequetschte Triebe hingegen bieten Schadpilzen eine Eintrittspforte. Ideal für das Rosenschneiden ist daher eine Schere mit zwei scharfen Klingen. Qualitätsfabrikate haben sich bewährt. Nur sie sind sowohl anwenderfreundlich geformt (z.B. mit gepolsterten Griffen, Rollgriffen oder Modellen für Linkshänder) als auch robust genug, um nicht zu klemmen oder schiefe Schnitte zu verursachen. Daneben sollten auch Größe und Gewicht der Schere der Hand angepasst werden. Probieren Sie vor dem Kauf die Schere aus und entscheiden Sie sich für das handlichste Modell.

Rosen regenerieren sich gut

Rosen gehören zu den Gehölzen, die Schnittmaßnahmen sehr gut vertragen

So wachsen einmal blühende Rosen: Zuerst erscheint ein unverzweigter Trieb (Mitte). Im folgenden Jahr entspringen an ihm Seitentriebe (links). Diese verzweigen sich jährlich noch weiter, vergreisen aber mit der Zeit (rechts).

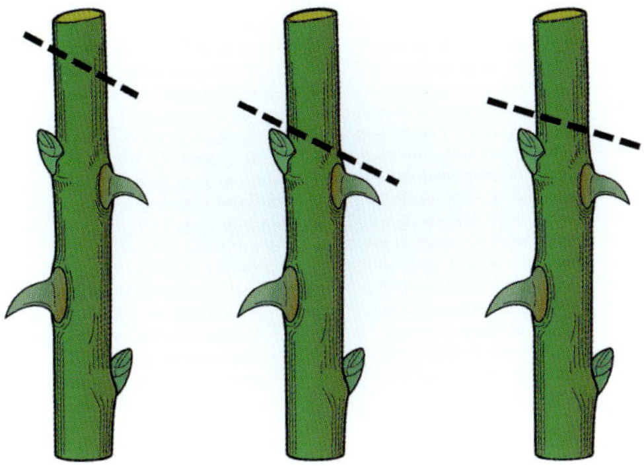

Schneidet man zu hoch über dem Auge, stellen sich am Zapfen Krankheiten ein, zu tiefes Schneiden lässt das Auge austrocken. Der Schnitt rechts ist perfekt.

und dadurch immer wieder verjüngt werden können. Viele Gartenrosen profitieren sogar von einem fachgerechten Rückschnitt und würden ohne diese Maßnahmen ein wirres Zweigwerk ausbilden, das nur wenige Blüten tragen kann. Findet man in einem Garten schlecht gepflegte Rosen, die aber an einem günstigen Standort stehen, ist ein radikaler Rückschnitt im Frühling oft die beste Lösung. Man schneidet alle Zweige dabei bis auf etwa eine Handbreit über den Boden zurück. So wird die Pflanze gezwungen, aus den untersten Triebanlagen auszutreiben. Ist die Wurzel intakt, entwickeln sich kraftvolle neue Triebe. Falls diese im gleichen Sommer an der Spitze blühen, hat man eine öfter blühende Sorte vor sich. Sprießt ein junger neuer Trieb ohne Blüten hervor, hat man eine einmal blühende Rose vor sich.

Frühlingsschnitt

> **Rosen schneidet man** im Frühling dann, wenn die Osterglocken blühen oder spätestens zu den Eisheiligen. Im Herbst kürzt man störende Triebe etwas ein oder kappt sie.

Smart

Wuchsrhythmen

Anhand von Wildrosen und einmal blühenden Sorten lässt sich der Wuchsrhythmus gut erkennen: Zuerst bilden sich die unverweigten Triebe ohne Blüten. Im darauf folgenden Frühjahr wachsen daran Seitentriebe mit Blüten. An diesen Trieben erscheinen im dritten Jahr weitere Verästelungen, die reich blühen. Darauf folgende Verzweigungen werden immer feiner und ihre Blütenzahl nimmt dann wieder ab; der Trieb vergreist.

Augen beachten!

Eine noch ruhende oder gerade anschwellende Triebanlage von Gehölzen bezeichnet man als „Auge". Auch bei Rosen befinden sie sich an der Ansatzstelle der Blätter – im Winter erkennt man diese an einem feinen waagerechten Strich auf der Rinde. Hier wächst der neue Zweig. Das jeweils oberste stehen gebliebene Auge eines Triebes treibt zuerst aus und beeinflusst die Strauchform. Daher schneidet man auf Augen zurück, die von der Pflanzenmitte nach außen weisen, damit sich die Triebe nicht behindern.

Spezial

Rückschnitt im Frühling

Jeder weiß: Rosen werden im Frühling geschnitten. Die genauen Schnittmaßnahmen richten sich dabei nach den Wuchseigenschaften der Rose.

Ehe geschnitten wird, gilt es zu klären, ob man eine einmal oder eine öfter blühende Rose vor sich hat. Junge Triebe einmal blühender Rosen sind unverzweigt und schließen mit Blättern ab. Sie treiben erst im Jahr nach ihrem Erscheinen Blüten aus frischen Seitentrieben. Schneidet man diese Peitschentriebe oder auch die verweigten Triebe zurück, bringt man sich um einen Großteil der Blüten. Lediglich alte, zu stark verzweigte Triebe, die von sich aus nur noch spärlich blühen, werden komplett entfernt. Fast alle Wildrosen, Rambler, Alba-Rosen, Gallica-Rosen, Moosrosen und Zentifolien sowie Damaszener-Rosen

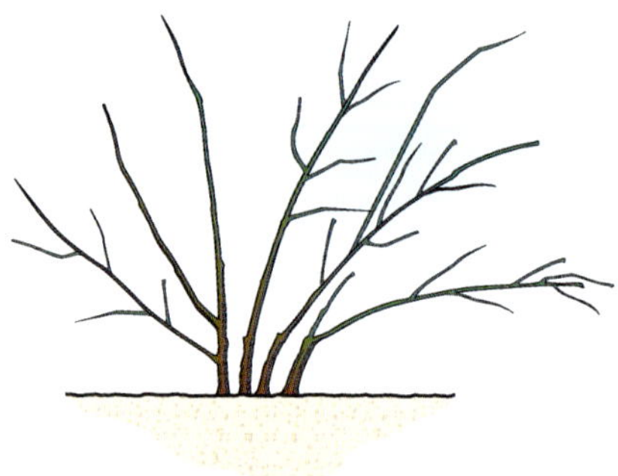

Schnitt einmal blühender Rosen: Alle zu stark verzweigten, dichten Triebe schneidet man tief am Boden weg. Junge, unverzweigte Triebe aus dem vergangenen Jahr bleiben stehen. Ebenso die einmal verzweigten Triebe, die letztes Jahr bereits blühten – sie blühen bald besonders reich.

und einige Kletterrosen gehören zu den einmal blühenden Rosen und werden auf diese Weise behandelt.

Öfter blühende Rosen

Bei historischen Rosen gibt es jedoch nicht nur einmal blühende Sorten. Portland-, Remontant-, Noisette-, China- oder Moschata-Rosen blühen wie die meisten modernen Rosen mehrmals im Jahr. Ihre jungen Triebe werden immer von Blüten gekrönt. Bei ihnen muss man die stetige Neubildung junger Triebe fördern. Dazu schneidet man zu dünnes Holz aus, entfernt Verzweigungen und kürzt die Triebe um etwa die Hälfte ein. So wird ausreichend Platz für den sommerlichen „Nach-Wuchs“ geschaffen. Die Faustregel lautet: „Starke Triebe wenig, schwache Triebe stark beschneiden.“ Lässt man zu lange schwache Zweige stehen, bilden sich dort nur winzige, eng stehende Blätter, die sich gegenseitig Licht und Luft nehmen.

Rückschnitt öfter blühender Rosen
Bei diesen Rosen muss Platz für neue Triebe geschaffen werden. Schwach wachsende Rosensorten müssen tief zurückgeschnitten werden. Bei sehr wuchsfreudigen Sorten bleiben die Triebe länger stehen als oben abgebildet – sie haben ausreichend Kraft, auch aus langen Trieben reich zu blühen.

Schnittstellen – Schnittreife

Nach dem Rückschnitt im Frühling wachsen die Rosentriebe heran. Wenn sich die ersten Blüten – meist im Juni – öffnen, hat der Rosenfreund das reine Vergnügen und wenig Arbeit. Erst beim Verblühen tritt die Rosenschere wieder in Aktion. Bei allen Rosen, die mehrmals blühen können und keine Hagebutten ausbilden sollen, wird Verblühtes abgeschnitten. So kommt die Wuchskraft des Strauches voll den neuen, Blüten tragenden Trieben zugute. Zögert man zu lange mit dem Rückschnitt, reifen die jungen Früchte heran und haben der Pflanze bereits Kraft entzogen. Für das Entfernen verblühter Blüten spricht außerdem, dass die Sträucher dann immer gepflegt aussehen. Bei einigen Sorten bleiben die welken Blütenblätter am Trieb hängen und verklumpen im Regen zu braunen „Mumien“. Es kommt sogar vor, dass die zarten, abfallenden Blütenblätter auf den Blättern festkleben. Dadurch schränken sie deren Möglichkeit ein, durch Sonnenlicht Kraft zu tanken und begünstigen zudem Pilzbefall. Entfernt man Verblühtes rechtzeitig, hat man diese Probleme meist nicht.

Mit dem Rückschnitt im Sommer kann man die Wuchsform der Pflanze mit beeinflussen. Wieder wird

Verblühte Rosen schneiden: Einzelblüten (links) schneidet man auf das erste oder zweite voll entwickelte Blatt zurück. Blütenbüschel (rechts) werden ebenfalls auf ein darunter liegendes Auge zurückgenommen.

Derart dicht gefüllte Blüten wie von 'Novalis' sollten „angeblüht" für die Vase geschnitten werden.

auf ein Auge geschnitten, das aus der Pflanze heraus weist. So erhalten alle Triebe das Maximum an Licht.

Zu viel Arbeit?

Das sommerliche Ausputzen der Rosenpflanzen mit der Schere hört sich aufwändiger an als es ist. Bei vielen einmal blühenden Rosen ist es nicht erforderlich; man bringt sich sonst um die attraktiven Hagebutten im Herbst, die solche Sorten ohne Vitalitätseinbußen ausbilden. Lediglich bei einmal blühenden, dicht gefüllten Zentifolien oder ähnlichen Rosen entfernt man die Blüten. Sie entwickeln nur selten Hagebutten und man riskiert alle Nachteile stehen gebliebener Blüten. Bei öfter blühenden Rosen reicht es aus, wöchentlich oder 14-tägig die Pflanzen zu kontrollieren. Dabei kann man auch gleich ein paar Blüten – knospig oder weit offen – als Schmuck für den sonntäglichen Frühstückstisch schneiden.

Die richtige Zeit

Rosen für die Vase werden mit einem möglichst langen Stiel geschnitten. Dabei achtet man darauf, dass man der Pflanze nicht unverhältnismäßig viel Blattwerk entfernt. Mindestens die Hälfte des beblätterten Triebes sollte stehen bleiben – je mehr, desto besser. Schnittreif sind die meisten Rosen, wenn sich die grünen Kelchblätter umgebogen haben und das erste Blütenblatt sich löst. Sehr locker gefüllte Sorten dürfen ausnahmsweise knospiger geschnitten werden. Die extrem dicht gefüllten historischen und Englischen Rosen hingegen müssen „angeblüht" sein und sich etwas weiter entwickelt haben.
Rosen, die in sommerlicher Mittagshitze geschnitten werden, welken rasch. Besser ist es, morgens oder nach einem nicht allzu heißen Tag abends Blüten für die Vase zu schneiden.

Drei Stadien der Blütenreife:

> Links ist sie sehr knospig, rechts (bei den meisten Sorten) ideal zum Schnitt; unten weiter geöffnet und „angeblüht".

Richtig düngen macht hart

Beim Düngen der Rosen kann viel falsch gemacht werden – und sehr vieles richtig. Es leuchtet ein, dass diese Pflanzen, die im Laufe des Sommers sehr viel Triebmasse und Blüten aufbauen, dafür auch entsprechende Nährstoffe im Boden vorfinden müssen. Doch das darf nicht dazu verleiten, nach dem Motto „Viel hilft viel" vorzugehen. Wer seinen Rosen zuviel Dünger gibt (besonders kritisch ist eine Überdüngung durch Stickstoff und Phosphor), erhält krankheitsanfällige Pflanzen mit weichen Trieben, die außerdem sehr schlecht die Winterfröste überstehen.

Bei robusten Hochstammrosen in nicht allzu kalten Gebieten reicht das Einpacken als Winterschutz aus.

Menge und Zeit

Grundsätzlich sollte man lieber weniger als mehr düngen. Ein hoher Kaliumanteil beim Düngen stärkt die Zellwände und trägt dazu bei, dass die Pflanzen nicht so schnell unter Pilzkrankheiten leiden: Weiche, mastige Zellen bieten den Schaderregern wesentlich bessere Bedingungen als solche mit festen Zellwänden. Besondere Bedeutung kommt dem Zeitpunkt der Düngung zu. Den ersten Sommer nach ihrer Pflanzung sollten Rosen überhaupt nicht gedüngt werden. Dann empfiehlt sich nach dem Frühjahrsschnitt eine Düngung und eventuell eine zweite während des ersten Flors. Später sollte man keine Nährstoffe mehr zuführen, da die Pflanzen sonst zu starkem Wachstum angeregt werden können, die spät erscheinenden Neutriebe aber unweigerlich dem Frost zum Opfer fallen. Kompost oder organischer, stickstoffbetonter Dünger ist nur in Maßen förderlich. Gesteinsmehl und Gartenkalk können wichtige Ergänzungen sein, die die Pflanzen sehr gut abhärten.

Absolut winterhart erweist sich de Edelrose 'Sunny Sky'.

Winterschutz

Die meisten Rosen sind hierzulande so frosthart, dass sie unsere Winter überstehen. Bei Rosenklassen, die von Arten wärmerer Gefilde abstammen, sind aber einige Maßnahmen unumgänglich. Edel- und Beetrosen werden möglichst vor der Advenszeit mit frischer Erde angehäufelt. Die Erde schützt vor direktem Frost. Besonders im Frühling, wenn die ersten Augen austreiben, können frei stehende und austreibende Blättchen durch Minusgrade geschädigt werden. Alles, was geschützt liegt, überdauert die kritische Phase und ist die „Reserve", aus der sich die gesamte Pflanze wieder regenerieren kann. Die Kronen der Hochstammrosen werden mit Stroh oder Holzwolle isoliert und mit einem Jutesack eingepackt. Plastik ist ungünstig, da die Temperaturen darunter stark schwanken können. Der Winterschutz muss gut an der Stütze mit befestigt werden, damit Schneelast oder Regen die Krone nicht niederdrücken. In winterkalten Gebieten biegt man vorsichtig den Stamm um und gräbt die Krone mitsamt der empfindlichen Veredlungsstelle ein, sodass sie gut 30 cm mit Erde bedeckt ist. Die Stämme können mit Fichtenreisig umwickelt werden, damit die Rinde nicht aufplatzt.

Einwintern und Auswintern

> **Der Winterschutz** sollte vor dem Auftreten der ersten starken Frostperiode angebracht werden. Den Frostschutz entfernt man besser zu spät als zu früh. Im Laufe des Aprils wird es meist Zeit dafür. Falls noch Nachtfröste drohen, hält man besser Säcke und Fichtenreisig für spontane Schutzmaßnahmen bereit.

Smart

Spezial

Solide befestigen

Viele Rosen wirken und wachsen erst an einer passenden Stütze optimal. Wer einige Tricks beim An- und Aufbinden beherzigt, wird sich keine Sorgen mehr machen müssen.

Es sind nicht nur Kletterrosen an einer Wand, die eine stabile Stütze brauchen. Hochstammrosen, labil wachsende Strauchrosen an Obelisken und Zäunen sowie die ungestüm wachsenden, Gartenhäuschen und Obstbäume erobernden Rambler wachsen besser, wenn ihre Triebe solide aufgebunden sind. Auf keinen Fall darf das Bindematerial in das Holz der Triebe einschneiden. Hier ist mit weichem Kunststoff ummantelter Draht ideal. Kokosstricke oder Stränge aus mehreren Naturbastfäden sowie Rebdraht leisten ebenfalls gute Dienste. Ungeeignet sind blanker Draht, Bindfaden oder Kunststoffschnüre aus dem Haushalt.

Das Bindematerial darf nicht zu fest um den Trieb geschnürt werden, sonst scheuert es die Rinde auf – also lassen Sie immer etwas Spielraum! Jedes Jahr müssen die angebundenen Stellen überprüft werden. Mit zunehmenden Alter werden die Triebe immer dicker und können das Bindematerial regelrecht einwachsen und sich damit die Versorgungsbahnen abdrosseln.

Wer zu junge, weiche Triebe anbinden möchte, muss äußerst behutsam vorgehen. Sie brechen sehr leicht direkt an der Ansatzstelle am bereits verholzten Trieb ab und sind dann unrettbar dahin. Warten Sie deshalb besser, bis die Triebe etwas fester sind oder gerade ausreifen. Meist ist das der Fall, wenn die ersten Blütenknospen anschwellen. Bei

◂ Wandrosen
Kletterrosen brauchen ein Gerüst, das solide in einer Mauer und ggf. im Boden verankert ist. Das Gerüst sollte einen etwa 40 cm weiten Abstand zur Wand haben. Dadurch zirkuliert ausreichend Luft zwischen der Pflanze und der Mauer. Hitzestau, der Krankheiten und Befall durch Schädlinge begünstigt, lässt sich so weitgehend vermeiden.

rot austreibenden Sorten schlägt mit beginnender Triebreife die Farbe nach Grün um.
Lange Kletterrosentriebe werden an mehreren Stellen befestigt, damit sie sich nicht bei heftigen Stürmen losreißen. Selbstverständlich muss die Stütze, an der sie angebracht sind, fest und sicher im Untergrund verankert sein.

▸ **Schlingen**
Die Pflanze wird mit einer Schlinge an der Stütze befestigt, die aussieht wie eine „Acht". Deren Mitte bildet einen Puffer zwischen Pflanze und Stütze und verhindert das Scheuern.

◂ **Waagerechte bilden**
Waagerecht geleitete Triebe blühen sehr reich. In der gewünschten Höhe angekommen, werden Kletterrosentriebe vorsichtig umgebogen. Daher sollte die Rose immer etwa 1 m länger wachsen, als das Gerüst hoch ist.

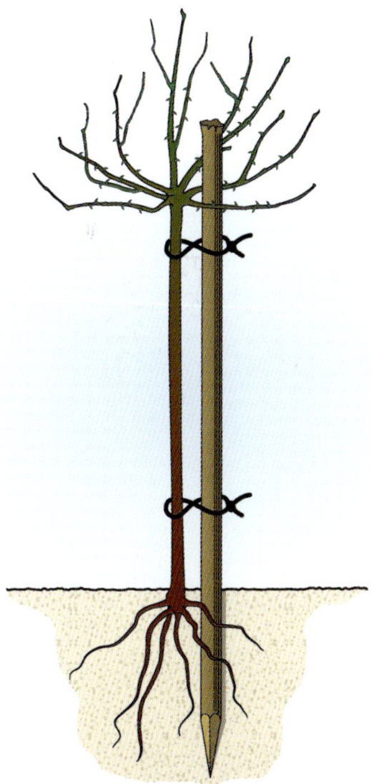

▸ **Hochstämme**
Sie werden sowohl am Stamm als auch an der Krone an einem stützenden Pfahl befestigt. So bleibt der Stamm gerade. Dabei wird die Krone dicht an der Veredlungsstelle fixiert. So kann sie sich nicht wegbiegen und abbrechen.

Rosen-Pflege

Pilzkrankheiten bei Rosen

Das kann einem den Rosenspaß gründlich verderben: Pilzbefall auf den Blättern. Aber findige Rosenfreunde sind auch darauf vorbereitet!

Wie heißt es bezogen auf unsere eigene Gesundheit: „Vorbeugen ist besser als heilen“. Genauso wie Menschen werden auch Rosen am ehesten von Krankheiten befallen, wenn sie durch widrige Umstände geschwächt sind. Viele moderne Züchtungen sind zwar tolerant gegenüber Pflegefehlern und die Widerstandskraft gegenüber Pilzkrankheiten ist höher als je zuvor. Doch auch die besten Sorten spielen ihre Vorzüge erst voll aus, wenn die Nährstoffversorgung und vor allem der Standort stimmt. Genau hier kann der Hobbygärtner ansetzen, indem er einen gut geeigneten Pflanzplatz aussucht und den Rosen keine Kompromisse zumutet. Die meisten Pilzkrankheiten treten auf, wenn die Pflanzen zu eng stehen und wenn Regen, Tau oder Gießwasser nicht rasch genug von den Blättern abtrocknen können. Eine „Monokultur“ aus zahlreichen Rosenpflanzen verstärkt das Problem noch, da sich ein Befall wie eine Epidemie ausbreiten kann. Mit etwas Pech stehen in kompletten Beeten die Rosen ab Juli ohne Laub da. Ungeeigneter Boden, einseitige Stickstoffdüngung oder Wurzeldruck durch konkurrierende Gehölze leisten Krankheiten Vorschub. Sehr wichtig ist, dass Feuchtigkeit rasch von den Blättern abtrocknen kann, denn auf dem Wasserfilm breiten sich die Pilzsporen ungehindert aus. Rosen werden daher im Hochsommer nie von oben beregnet, sondern mit Hilfe eines Schlauches, der auf dem Beet verlegt wird. So gelangt das Wasser direkt an die Pflanzenwurzeln.

Echter Mehltau

Sphaerotheca pannosa

Die bekannteste unter den Rosenkrankheiten überzieht Triebe, Blätter und Knospen mit einem mehlartigen, grauen Belag. Die Wuchsleistung der Pflanze wird erheblich beeinträchtigt und befallene Pflanzenteile sterben bald ab. Besonders gut vermehren sich die Sporen des Echten Mehltaus in feuchten und gleichzeitig warmen Sommern.

Bekämpfung

Resistente Sorten wählen; niemals beim sommerlichen Wässern die Pflanzen von oben beregnen; freien Standort wählen; anfällige Sorten kaliumbetont düngen. Trotz allem keine Aufregung – einige Sorten wachsen einen Befall von selbst wieder aus! Hartnäckigen Fällen muss man mit für die Krankheit und für die Pflanze zugelassenen Präparaten zu Leibe rücken.

Falscher Mehltau

Pseudoperonospora sparsa

Diese Krankheit ist leider im Vormarsch – wohl auch weil sie oft mit Sternrußtau verwechselt wird. Falscher Mehltau ist nicht minder gefährlich! Die Flecken sind weniger strahlig und eher rötlich. Hinzu kommt vorwiegend blattunterseits ein mehliger Belag. Die Krankheit verbreitet sich am stärksten bei großen Temperaturschwankungen ab Spätsommer.

Bekämpfung

Befallene Pflanzenteile ausschneiden und vernichten; kaliumbetont düngen; luftigen Standort wählen. Pflanzen an trockenen Standorten gut wässern; bei starkem Befall mit einem geeigneten und zugelassenen Pflanzenschutzmittel spritzen. Dazu im Fachhandel nachfragen; für eine zweifelsfreie Bestimmung der Pilzkrankheit einen befallenen Triebteil mitnehmen.

Sternrußtau

Diplocarpon rosae

Die gefährlichste Pilzkrankheit! Schwarze strahlige Flecken breiten sich rasch über die gesamte Blattoberfläche aus und führen zu Blattfall. Nasse, kühle Sommer begünstigen den Befall ebenso wie Wässern der Pflanzen von oben. Mit Nährstoffen, Luft und Wasser unterversorgte Böden und schlecht durchlüftete Standorte machen die Pflanzen anfällig.

Bekämpfung

Nur die robustesten Rosensorten für Problemstandorte auswählen und pflanzen; befallene Blätter und Triebe sofort absammeln und vernichten; beste Kulturbedingungen schaffen. Bei starkem, wiederkehrendem Befall entweder sehr gewissenhaft wiederholt spritzen oder aber dort ganz auf Rosen verzichten beziehungsweise sie auf bessere Plätze pflanzen.

Rosenrost

Phragmidium mucronatum

Tritt eher sporadisch auf, kann aber verheerende Folgen wie totalen Blattfall nach sich ziehen. Hell-rostgelbe Flecken entstehen auf den Blättern. Kühle, feuchte Standorte, arme Böden und regenreiche Sommer begünstigen den Befall. Besonders gefährdet sind historische und kletternde Rosen an schlecht belüfteten Standorten.

Bekämpfung

An Problemstandorten keine oder nur besonders robuste Rosen pflanzen. Befallene Pflanzenteile unbedingt absammeln und vernichten – besonders vor dem Einwintern! Kaliumbetont düngen, um die Widerstandsfähigkeit der Zellwände gegenüber eindringenden Pilzhyphen zu stärken. Nötigenfalls mit einem für Rosenrost im Hausgarten zugelassenen Präparat spritzen.

Resistente Rosensorten

Die Anfälligkeit gegenüber den Rosenkrankheiten ist von Sorte zu Sorte sehr unterschiedlich. Alle Züchter neuer Rosen schenken der Resistenz des Blattwerks besondere Aufmerksamkeit und warten mit exzellenten Neuheiten auf.

Das ist auch sehr wichtig, denn der Gesetzgeber schränkt die Auswahl von Pflanzenschutzmitteln auf ein Minimum ein, um Umwelt und Gewässer besser vor Belastungen zu schützen. Jeder Rosenfreund kann sich mit einer cleveren Auswahl krankheitsfester Sorten viel Arbeit, Frust und letztlich auch Geld sparen. Man muss allerdings wissen, welche der unendlich vielen Rosensorten wirklich diesen Kriterien genügen. Fragen Sie unvoreingenommene Nachbarn mit schön und gesund wachsenden Rosen doch nach dem Namen der betreffenden Sorte! Bücher, in denen die einzelnen Sorten porträtiert werden, geben ebenfalls eine gute Orientierung. Mitglieder des Vereines Deutscher Rosenfreunde geben oft bereitwillig über ihre Lieblingsrosen Auskunft. Ein offizielles Instrument für die Anerkennung und Auszeichnung robuster und krankheitsresistenter Sorten ist die Allgemeine Deutsche Rosenneuheitenprüfung. Züchter haben dabei die Gelegenheit, ihre viel versprechenden Neuheiten auf Gesundheit und Gartenwert testen zu lassen. Die Anforderungen sind dabei sehr hoch und nur eine Handvoll Sorten erhält das begehrte, jährlich verliehene ADR-Siegel. Sogenannte „ADR-Rosen" der letzten 10 bis 12 Jahre gehören zu den zuverlässigsten überhaupt. Eine Auswahl bewährter Sorten, die meist problemlos gedeihen, ist hier zusammengestellt.

'Wedding Bells'

Rosa blühende Edelrose

Die Blüten einer idealen Edelrose steht einzeln oder in kleinen Gruppen beisammen. Die Blütenform kann variieren, ist aber bei 'Wedding Bells' so exquisit, wie man es sich nur wünschen kann. Trotz der starken Blütenfüllung behält sie ihre perfekte Form bis zum Abblühen. Die Pflanzen wachsen eher schmal und werden in gutem Boden durchaus mannshoch – sie bilden lange Stiele, die sich ideal für die Vase schneiden lassen. Das ledrige, mittelgrüne Laub ist sehr gesund.

Ähnlich wachsende Edelrosen:
'Grande Amore' (leuchtend Rot), 'Paco Rabanne' (honiggelb), 'Elina' (cremegelb), 'Souvenir de Baden-Baden' (zartrosa), 'Velvet Alibi' (dunkelrot), 'Brocéliande' (rot-gelb gestreift), 'Blue Girl' (rosalila)

'Schneeflocke'

Weiße, niedrige Beetrose

Diese Sorte kann sowohl zu den Bodendeckern als auch zu den Beetrosen gezählt werden. Sie wächst straffer und aufrechter als die meisten Bodendecker, bleibt aber sehr niedrig und erreicht gerade eine Höhe von 50 cm. Mit ihren großen Blütenbüscheln bringt sie sehr viel Farbe in die Gärten. Die aufrecht stehenden Blüten leuchten auch bei trübem Wetter und trotzen dem Regen.

Ähnliche, aber etwas höher wachsende Beetrosen:
'Debüt' (gelb), 'Fiorella' (lachs), 'Lovita' (rot), 'Out of Rosenheim' (dunkelrot), 'Garden of Roses' (zartrosa), 'Airbrush' (gelb, rot gemasert), 'Kronjuwel' (rot), 'Loredo' (gelb), 'Celina' (zartgelb), 'The Fairy' (zartrosa), 'Bienenweide rosa' (rosa), 'Rosenfaszination' (weiß-zartrosa), 'Deseo' (rotorange), 'Red Meilove' (rot)

'Kir Royal'

Rosarote, sehr robuste Kletterrose

Kletterrosen sollen nicht nur gesundes Laub haben und kraftvoll wachsen, sondern unbedingt auch harte Winterwochen ohne Blessuren überstehen. Das ist für 'Kir Royal' alles kein Problem. Sie bewächst zuverlässig Wände, Rosenbögen und Aufbauten aller Art. Ihre Blüte fällt im Frühsommer sehr reich aus; eine Nachblüte ist allerdings spärlich. Diese Eigenschaft teilt sie mit einigen anderen Kletterrosen, doch das sollte kein Hindernis sein, sie zu pflanzen.

Ähnliche wachsende Kletterrosen:
'Ghislaine de Feligonde' (apricot, kleinblumig), 'Goldfassade' (goldgelb, roter Anflug), 'Hella' (weiß), 'Sabrina' (weiß-apricot), 'Guirlande d'amour' (weiß, kleinblumig), 'Awakening' (zartrosa), 'Paul Noel' (lachsrosa), 'Flammentanz' (rot)

'Lady of Shalott'

Öfter blühende Strauchrose

Auch die Gruppe der begehrten Englischen Rosen gehört zu den öfter blühenden Strauchrosen. 'Lady of Shalott' ist eine der besten Züchtungen der letzten Jahre. Ihre orange und lachsfarben schimmernden Blüten erscheinen sehr reichlich auf den äußerst ausgewogen proportionierten, etwa 130 cm hohen Sträuchern. Sie duften angenehm nach Äpfeln und die Blütezeit zieht sich bis zum Frost hin. Das Laub deckt den Strauch sehr gut und bleibt gesund.

Weitere öfter blühende Strauchrosen:
'Saremo' (helles Rosa), 'Rosarium Uetersen' (fluoreszierendes Rosa), 'Centennaire de Lourdes' (zartrosa), 'Gertrude Jekyll' (pink), 'Red Eden Rose' (dunkelrot), 'Golden Celebration (bernsteingelb), 'Munstead Wood' (tief purpurrot)

Mängel bei Rosen

Nicht alle Verformungen oder Verfärbungen der Rosenblätter sind auf Pilz- oder Schädlingsbefall zurückzuführen. Fehlende Nährstoffe schlagen sich ebenfalls in typischen Schadbildern nieder.

Liegt die Ursache schwächelnder oder schlecht blühender Rosenpflanzen an einer unausgewogenen Düngung, lässt sich das Problem durch aufmerksame Bodenbearbeitung und durch Zufuhr entsprechender Nährstoffe oder Spurenelemente leicht beheben.
Die Grundnährstoffe müssen in ausreichernder und pflanzenverfügbarer Konzentration im Boden vorliegen. Das heißt, das der Boden weder zu sauer (wie ein Moor) noch zu alkalisch (wie eine Wüste) sein darf. Ermitteln lässt sich die Bodenreaktion über den pH-Wert, der folgendes verrät: „Sauer" ist ein Boden bei einem Wert von 1 bis 6, bei 7 gilt er als neutral, ab 8 bis 14 reagiert er alkalisch. Herausfinden lässt sich das mit pH-Teststreifen. Im Handel sind spezielle Rosendünger erhältlich. Meist handelt es sich um Pulver oder Granulat, das man auf das Rosenbeet streut und mit einem Kultivator oberflächlich einarbeitet. Gedüngt wird an bewölkten oder regnerischen Tagen; durch anschließenden Regen (oder Wässern an den Wurzeln) gelangen die Nährstoffe tiefer in das Erdreich, werden von den Wurzeln aufgenommen und versorgen die Pflanzen.
Neben den schnell wirkenden Düngern sind auch sogenannte „Depot-Dünger" im Handel, die im Laufe des Sommers nach und nach die erforderlichen Nährstoffe freisetzen. Intelligente „faule" Gärtner bevorzugen diese Art der Düngung.
Beim Düngen gilt die Regel: „Soviel wie nötig und so wenig wie möglich!"

Nährstoffmangel

Die gesamte Pflanze bildet schwache und dünne Triebe aus, die Blüten sind klein und oft auch unvollkommen geformt. Blätter färben sich oft nur blass aus und haben verfärbte oder abgestorbene Ränder. Durch die Schwächung der Pflanze stellen sich Krankheiten und Schädlinge besonders rasch ein.

Gegenmaßnahmen

Jährliches Düngen im Frühjahr reicht meist aus, um alle Mangelerscheinungen zu kurieren. Bei sehr armen Böden sind Folgedüngungen sinnvoll. Damit der Boden die Nährstoffe besser halten kann, wird Kompost eingearbeitet. Zeigen die Pflanzen über längere Zeit nicht näher zu identifizierende Symptome, empfiehlt sich eine Bodenprobe für eine Bodenanalyse. Verschiedene Anbieter finden sich im Internet.

Kaliummangel

Die jungen Blätter sind rötlich, älteres Laub hat rotbraune Zonen auf den Blattspreiten. Die Blüten bleiben klein und kränklich. Diese Symptome werden oft mit Pilzkrankheiten verwechselt, aber die Ursache Kaliummangel lässt sich wesentlich einfacher beheben. Diese Mangelerscheinung tritt oft auf sandigen Böden auf.

Gegenmaßnahmen

Treten trotz Volldünger-Gaben diese Symptome auf, verabreicht man einen kaliumbetonten Dünger. Halten Sie sich bitte an die genauen Dosierungen, denn Überdüngungen wirken genauso schädigend wie Nährstoffmangel. Durch kaliumhaltige Pflanzenteile wie Bananenschalen lässt sich der Gehalt dieses Elementes im Boden erhöhen; doch seine exakte Konzentration ist so nur schwer steuerbar.

Eisenmangel

Färben sich im Spätfrühling oder Sommer die Blätter gelb, spricht man meist von einer Chlorose. Ein Mangel an Eisen ist die Ursache. Auf zu kalkhaltigen, alkalischen Böden kommt das häufiger vor. Besonders die ansonsten sehr robusten Rugosa-Rosen können von Chlorose-Erscheinungen betroffen sein.

Gegenmaßnahmen

Standorte mit zu kalkhaltigen Böden müssen nachhaltig durch Kompost und organisches Material abgesauert werden – natürlich ohne die Anlage in ein Moorbeet für Rhododendren, Eriken & Co. zu verwandeln. Mit der Zeit verschwinden die Mangelsymptome und das Laub wird wieder grün. Neben dieser nachhaltigen Bodenverbesserung leisten Dünger mit einem hohen Eisenanteil sofortige Abhilfe.

Frostschäden

Späte Nachtfröste vor den „Eisheiligen" Mitte Mai schädigen die zarten jungen Blätter und Triebe. Die Blattflächen sind blasig aufgetrieben und oft sind die Blattränder abgestorben. Junge Austriebe erscheinen welk und braun. Als Spätfolgen einer Frostperiode können die Blütenknospen ausbleiben.

Gegenmaßnahmen

Ein guter Winterschutz ist wichtig für ausreichende Reserven zum Austreiben. Lassen Sie die Triebe im Herbst ungeschnitten, damit die Pflanzen weit oben austreiben. So kann man sie auf tiefe, noch ruhende Augen zurückschneiden, sobald keine Fröste mehr drohen. Kaliumgaben mit der Juli-Düngung sorgen für stabilere Zellwände und mehr Widerstandskraft gegen Frost. Zu viel Stickstoff meiden!

Schädlinge bei Rosen

Jeder Gartenfreund kennt einige Plagegeister, die sich an den Pflanzen gütlich tun. Bei Rosen sind sie leider ganz besonders zahlreich.

Grundsätzlich können Gärtner zwei Strategien verfolgen. Erstens: einem Schädlingsbefall durch optimale Pflege vorbeugen; zweitens: auftretende Schädlinge durch geeignete Mittel vertreiben oder vernichten.
Die beste Maßnahme besteht wieder einmal in der möglichst optimalen Ernährung der Pflanzen. Ebenso wie Pilzkrankheiten stellen sich Schädlinge am schnellsten dann ein, wenn das Pflanzengewebe bereits schwach und weich ist. Einige Schädlinge fühlen sich an Plätzen mit Wärmestau sehr wohl und können sich dort explosionsartig verbreiten. Wählt man für die Pflanzen von vornherein einen luftigen Standort aus, können sich diese Schädlinge nicht einnisten. Neben den Schadinsekten und Spinnentieren gibt es auch größere Tiere, die die Rosen gefährden können. In ländlichen Gegenden können Rehe zur Plage werden, indem sie die zarten jungen Knospen und Triebe rigoros abfressen.
Hier helfen entweder ein stabiler Zaun, ein mobiler Elektrozaun, ein Gespinst aus Perlonfäden oder ein wachsamer großer Hund.
Sehr verbreitet sind Wühlmäuse, die in Gängen in der Erde leben. Sie fressen das komplette Wurzelwerk ab. Gegen sie geht man am besten mit Fallen vor, deren Handhabung allerdings etwas Übung erfordert. Begasungen der Gänge dürfen nur im Notfall und unter allergrößter Vorsicht vorgenommen werden. Die abschreckende Wirkung von ausgelegten Menschenhaaren ist umstritten. Am besten hält man sich eine jagderfahrene Katze.

Blattläuse

Aphididae

Blattläuse, die Rosen befallen, sind meistens hellgrün und sitzen in Massen an austreibenden, jungen Rosentrieben. Sie entziehen durch Saugtätigkeit den Pflanzen ihren Saft und schwächen sie dadurch. Gleichzeitig können sie Viren übertragen. Auf ihren klebrigen Ausscheidungen siedeln sich Pilze auf den Blättern an, die der Pflanze die Assimilation erschweren.

Gegenmaßnahmen

Bei beginnendem Befall reicht es aus, die Läuse mit der Hand abzustreifen. Mit Seifenlauge, die man auf die Blätter spritzt, kann man ihnen ebenfalls zu Leibe rücken. Ehe man sich zu drastischeren Spritzmaßnahmen entschließt, sollte man abwarten, denn oft stellen sich Marienkäfer und andere Fressfeinde ein und das Problem löst sich von selbst.

Rosenzikade

Typhlocyba rosae

Kleine, weiße Insekten sitzen vorwiegend an den Blattunterseiten und saugen die Zellen der Blätter aus. Es bilden sich kleine, mehr oder weniger runde Löcher und mit der Zeit bleiben lediglich die Blattrippen stehen. Rosenzikaden können bei starker sommerlicher Hitze in großen Mengen auftreten.

Gegenmaßnahmen

Der beste Schutz vor Zikaden besteht in der Wahl eines gut durchlüfteten Standortes für die Rosen. Leider stellen sich natürliche Feinde der Zikaden meist nur zögerlich ein. Wird der Schaden durch den Befall zu groß, muss mit einem Spritzmittel vorgegangen werden. Am besten versucht man es zunächst mit einem ökologisch unbedenklichen Mittel wie einer Lösung aus Neem-Öl, ehe man die „chemische Keule" einsetzt.

Blattrollwespe

Blennocampa pusilla

Im Mai mancher Jahre fliegen die Wespen vorzugsweise Rosen mit großem Laub an und legen ihre Eier auf den Blatträndern ab. Darauf hin rollen diese sich zusammen und bieten den heranwachsenden Larven Schutz. Die Pflanze kann nun kaum Licht zur Assimilation sammeln.

Gegenmaßnahmen

Bei beginnendem Befall werden unverzüglich alle zusammengerollten Blätter von der Pflanze entfernt und mit dem Hausmüll entsorgt (nicht kompostiert!). Wird man dem Befall auf diese Weise nicht mehr Herr, muss mit zugelassenen Präparaten gespritzt werden. Mit den Pflanzenschutzmitteln lassen sich nur erwachsene Insekten bekämpfen. Deshalb wiederholt man die Maßnahme, bis alle Generationen nachgewachsen sind und erfasst wurden.

Spinnmilbe

Tetranychus urticae u.a.

Die winzigen Spinnentiere (auch als „Rote Spinne" bekannt) treten an heißen, trockenen Standorten mit wenig Luftbewegung auf und richten innerhalb kurzer Zeit großen Schaden an. Beetrosen zwischen Pflasterflächen oder Kletterrosen an Wänden sind am meisten gefährdet.

Gegenmaßnahmen

Wiederum ist es ratsam, die Rosen von vornherein an Plätzen mit ausreichend guter Luftbewegung zu pflanzen. Eine weitere vorbeugende Maßnahme ist eine gute Ernährung. Chemische Bekämpfung greift nur, wenn man die Präparate öfter wechselt. So können sich keine widerstandsfähigen Gruppen der Schädlinge bilden, die sich dann explosionsartig verbreiten. Der gleiche Trick funktioniert auch bei der Bekämpfung von Pilzen!

Pflanzen effektiv schützen

Lange Jahre war das Wort „Rosen-Pflege“ mit der Vorstellung verknüpft, im zweiwöchentlichen Rhythmus chemische Pflanzenschutzmittel ausbringen zu müssen. In der Tat waren viele weit verbreitete Sorten so anfällig gegen Pilzkrankheiten, dass man ohne Spritzmaßnahmen kaum auskam. Die chemische Industrie und alle Gartenfachmärkte haben besonders an Rosenfreunden gut verdient.
Mit zunehmendem ökologischem Bewusstsein hatten auch die Hobbygärtner Vorbehalte gegenüber dem chemischen Pflanzenschutz und suchten nach Umwelt schonenden Alternativen. Flankierend kam es auch zu einem Umdenken bei den Rosenzüchtern. Standen lange Jahre Aufsehen erregende neue Farben und Blütentypen im Zentrum des Interesses, konzentrierten sich die Züchter nun verstärkt auf die Blattgesundheit. Mit der Auswahl einer resistenten Rosensorte beginnt der Pflanzenschutz.

Schonender Pflanzenschutz

> Pflanzenstärkungsmittel und kaliumbetonte Dünger tragen dazu bei, dass die Zellwände der Rosentriebe und -blätter so stabil werden, dass Pilze nicht ohne Weiteres eindringen können.

> Schaffen Sie für Nützlinge wie Marienkäfer, Florfliegen und Laufkäfer mit einigen „unordentlichen“ Ecken Rückzugsgebiete im Garten.

> Insekten können zuverlässig mit Neem- (oder Niem-) Öl ausgeschaltet werden. Basierend auf Pflanzenwirkstoffen (es wird aus der Rinde des Neem-Baumes gewonnen), ist es für Menschen und Haustiere völlig ungefährlich. Man bekommt es in Bio-Läden, aber auch in gut sortierten Gartencentern.

Gut gepflegt ist halb gewonnen

Wer seinen Rosen einen sonnigen Standort, fruchtbaren, rosengeeigneten Boden bietet und sie nicht zu eng pflanzt, hat die wichtigsten Vorbeugungsmaßnahmen bereits getroffen. An schwierigen Standorten muss das Problem nachhaltig angegangen werden, beispielsweise durch Bodenverbesserung. Ansonsten riskiert man, dass auch gute Sorten mit der Zeit immer wieder unter Befall leiden und der schmückende Gartenwert nur durch massiven Einsatz von Pflanzenschutzmitteln erhalten werden kann. In solchen Fällen helfen nur noch das Umsetzen der Pflanzen an günstigere Standorte oder der generelle Verzicht auf Rosen.

Probier ’s mal mit Gelassenheit

Treten hier und da Blattläuse oder ähnliche Schädlinge auf, sollte man sie zwar im Auge behalten, doch der sofortige Griff zu

Gegenmaßnahmen oder gar der Giftspritze ist oft übereilt. Bleibt der angerichtete Schaden im für Pflanze und Gartenoptik erträglichen Rahmen, wartet man besser ab, bis sich von selbst Fressfeinde wie Marienkäfer oder Florfliegen einstellen. In einigermaßen ökologisch intakten Gärten geschieht das ohne weiteres Zutun.

Konsequentes Handeln gefragt

Bei Pilzkrankheiten ist allerdings Aufmerksamkeit, schnelles Handeln und Konsequenz angesagt. Sobald man Symptome erkennt, sollte man sich Gedanken zu Gegenmaßnahmen machen. Stets müssen sämtliche befallene Pflanzenteile von Pflanzen und Boden entfernt und vernichtet werden. Empfindliche Sorten kommen einigermaßen gut durch den Sommer, wenn man sie beim Austreiben vorbeugend mit Fungizid-Spritzungen behandelt und so den ersten Befall hinauszögert.

Der Mini-Climber 'Warm Welcome' gedeiht sogar gut in geräumigen Pflanzgefäßen.

Chemische Mittel

- **... gehören nicht** in Kinderhände. Bitte immer gut wegschließen!
- **...müssen streng** und ausschließlich nach den Angaben der Hersteller eingesetzt werden.
- **... sollen immer richtig** dosiert angerührt und in richtigen Mengen ausgebracht werden. Reste immer fachgerecht entsorgen!
- **... sollten nur eingesetzt** werden, wenn keine anderen Maßnahmen mehr greifen.

Smart

Spezial

Noch Fragen?

Ein Pflanzen-Ratgeber kann selbstverständlich nicht alles, was man beim Umgang mit Rosen zu beachten hat, erschöpfend beantworten. Hier aber eine Auswahl der häufigsten Fragen, die viele Hobbygärtner beschäftigen:

'Rose de Resht': Öfter blühend, stark duftend, winterhart, robust.

▸ Was sind Wildtriebe, wie erkenne ich sie und wie werde ich sie los?

Wildtriebe entspringen unterhalb der Veredlungsstelle direkt aus den Wurzeln der Unterlage einer veredelten Rosenpflanze. Sie haben meist kleinere, hellgrüne Blätter mit mindestens sieben Fiederblättern. Man reißt sie mit einem Ruck direkt an dem möglichst frei gelegten Wurzelstrang aus. Abschneiden reicht nicht aus.

▸ Duften alle historischen Rosen stärker als moderne Sorten?

Keineswegs! Sehr berühmte Rosen aus der „guten alten Zeit" sind völlig ohne Duft, etwa die wunderschöne weiße 'Frau Karl Druschki', während die stark duftende rosa 'Frederic Mistral' aus den 90er-Jahren stammt.

▸ Sind nostalgische Rosensorten robuster als moderne Züchtungen?

Einige Alte Rosen sind tatsächlich sehr zäh und bleiben gesund. Besonders trifft das auf Alba-Rosen,

Portland-Rosen und viele Rambler zu. Doch seit Beginn der 90er-Jahre wächst die Zahl extrem robuster neuer Rosensorten rapide.

▸ **Haben alle Rosen Dornen?**
Genau genommen hat keine Rose Dornen. Die Bewehrung, die die Haut verletzen kann, sind botanisch gesehen Stacheln, da sie aus dem Gewebe der Rinde gebildet sind und daher leicht durch seitliches Drücken abgelöst werden können. Dornen dagegen sind mit dem Mark und den Leitbündeln der Triebe verbunden und lassen sich nicht ohne größere Pflanzenverletzungen entfernen. Es gibt sehr stark bestachelte, aber auch nahezu stachellose Rosen. Einige Rambler und sehr viele Gewächshausrosen haben fast keine Stacheln.

Die duftende 'Penelope' gehört zu den charmantesten unter den öfter blühenden Strauchrosen.

▸ **Wie kann ich Rosen selbst vegetativ vermehren?**
Dazu nimmt man im Juni Steckhölzer von Rosentrieben. Sie müssen vier bis fünf Augen haben. Die untersten Blätter werden entfernt und die Triebbasis in Bewurzelungspulver gesteckt. Der Steckling kommt mindestens zwei Augen tief in ein Gemisch aus Erde und Sand. Mit einer durchsichtigen Folie schafft man hohe Luftfeuchte. Nun muss man täglich kontrollieren, die Folie wenden und Schwitzwasser abschütteln. Nach gut sechs Wochen zeigen sich die ersten Wurzeln. Spätestens jetzt heißt es: In Töpfe umsetzen und im ersten Winter vor harten Frösten schützen! Im zweiten Jahr entwickelt sich ein solides Wurzelsystem. Pflanzen, die von robusten Ramblern, Bodendeckern oder Strauchrosen stammen, sind veredelten Exemplaren bald ebenbütig oder überlegen in ihrem Wuchs.

Alles zu seiner Zeit

Das ganze Jahr über gibt es etwas im Rosengarten zu tun. Doch keine Sorge, man kann den Überblick gut behalten, denn die Arbeitsschritte bauen logisch aufeinander auf.

Da das Pflanzenwachstum vom Witterungsverlauf abhängig ist, lassen sich keine exakten Kalenderdaten angeben, wann diese oder jene Tätgkeit zu erledigen ist. Jährlicher Rückschnitt ist im Frühling unumgänglich und auch das Ausputzen zieht sich als kontinuierliche Arbeit durch das Sommerhalbjahr. Je gewissenhafter die anstehenden Pflegeschritte erledigt werden, umso „leistungsfähiger" treiben und blühen die Pflanzen.
Doch keine Sorge; selbst wenn der Idealzeitpunkt für diese oder jene Tätigkeit überschritten wird, sind die Pflanzen nicht verloren. Grundsätzlich hat man es bei Rosen mit Pflanzen zu tun, die sich bei einigermaßen guter Verfassung immer wieder regenerieren. Lediglich zwei Dinge sind streng an Termine gebunden:
Die letzte Düngung darf nicht nach Mitte Juli verabreicht werden. Verpasst man diesen Termin, lässt man diese Nährstoffgabe lieber ausfallen und wartet bis zum Frühjahr.
Ein weiteres „Don't" ist ein verfrühtes Entfernen des Winterschutzes und der darauf folgende Rückschnitt. Bewahren Sie im Frühjahr Geduld, auch wenn es schwer fällt. Riskieren Sie lieber eine spätere Blüte durch einen späten Rückschnitt, als dass die jungen Triebe durch Nachtfröste im Mai bis zum Boden zurückfrieren.
Tipp: Führen Sie regelmäßig ein Gärtner-Tagebuch, in dem Sie Ihre eigenen Beobachtungen notieren. Im Laufe der Zeit ersetzen diese Erfahrungswerte jeden Gartenarbeitskalender!

Frühling

Im April wird der Winterschutz möglichst an einem bedeckten Tag entfernt. Angehäufelte Erde arbeitet man im Boden ein oder gibt sie auf den Kompost. Falls noch Fröste drohen, hält man Stroh, Holzwolle oder Gärtnervlies bereit, um rasch die Pflanzen abdecken zu können. Jetzt ist auch noch Zeit, wurzelnackte Rosen zu pflanzen. Durch Anhäufeln bis weit in den Mai schützt man sie vor dem Austrocknen – so wachsen sie zuverlässig an.

Rückschnitt

Um den neuen Trieben Licht und Luft zu schaffen, ist jetzt ein Rückschneiden erforderlich. Man schneidet lieber zu spät als zu früh, damit die zu fördernden Triebe nicht durch Nachtfrost erfrieren!

Dünger

Er wird jetzt um die Pflanzen mit dem Kultivator eingebracht.

Sommer

Im Frühsommer sollte man auf Läuse und andere tierische Schädlinge achten und rechtzeitig Gegenmaßnahmen ergreifen. Etwas später, wenn die Blätter gerade ausgereift sind, treten die ersten Pilzkrankheiten auf, die sehr aufmerksam und konsequent angegangen werden müssen. Sollen noch Pflanzen gesetzt werden, bieten sich blühende Container-Rosen an. Nun lassen sich in Rosengärten einmal und öfter blühende Sorten begutachten.

Sommerschnitt

Verblühtes wird dann ausgeschnitten, wenn Hagebutten nicht erwünscht sind. Ist der Boden zu trocken, wird gewässert. Anschließend lockert man den Boden, damit das Wasser länger im Boden gehalten wird.

Dünger

Die letzte Düngegabe erfolgt nie später als MItte Juli!

Herbst

Krankes Laub muss aus den Beeten entfernt und in der Grünen Tonne entsorgt werden. Jetzt die abgeblühten Triebe nicht zu weit zurückschneiden und lieber etwas länger stehen lassen. Bei einigen halb gefüllten Sorten die späten Blüten ab August ruhig stehen lassen – oft bilden sich noch attraktive Hagebutten!

Herbstschnitt

Schneiden ist nur beim Ausputzen der letzten Blüten erforderlich. Der eigentliche Rückschnitt erfolgt im Frühling. Wem die Sträucher jetzt zu „unordentlich" sind, kann sie max. um ein Viertel kappen.

Dünger

Unüberlegte Düngung wird jetzt gefährlich – zu viel Stickstoff fördert bekanntlich das Wachstum zur falschen Zeit. Wichtiger ist, den Boden offen und unkrautfrei zu halten.

Winter

Im späten Herbst werden wurzelnackte Rosen am besten gepflanzt, solange der Boden offen ist. Nach den ersten Frösten im Oktober oder November werden alle Rosen eingewintert. Beet- und Strauchrosen häufelt man mit zusätzlicher Erde an. Mitunter reicht auch aufgelegtes Fichtenreisig, dessen Nadeln man aber im Frühling wieder gründlich von den Beeten entfernen muss. Stammrosen packt man ein oder biegt sie um, damit sie eingegraben werden können. Der Winterschutz muss so aufgebracht werden, dass er nicht verweht werden kann. Die Winterpause wird zur weiteren Planung des Rosengartens genutzt. Das geruhsame Studium von Gartenbüchern, Zeitschriften, Katalogen, Internet-Seiten und anderem Informationsmaterial gehört schließlich zu den angenehmsten Gartenarbeiten!

Infoecke

Adressen

Die beste Adresse für Hobbygärtner ist die **Gesellschaft Deutscher Rosenfreunde,** Pariser Ring 37, 76532 Baden-Baden www.rosenfreunde.de

Folgende Rosengärten laden zum Kennenlernen der Rosen ein. Ein Besuch zur Hauptblütezeit im Juni lohnt sich allemal. Über die wirkliche Widerstandskraft der Rosen lässt sich aber im Herbst ein besseres Urteil fällen. Was nach Sommerglut und Herbststürme noch attraktiv aussieht, hat besonders hohen Gartenwert.

- **Europa-Rosarium Sangerhausen,** Steinberger Weg 3, 06526 Sangerhausen, Tel.: 0 34 64/57 25 22
- **Deutsches Rosarium Dortmund,** An der Buschmühle 3, 44139 Dortmund, Tel.: 02 31/5 02 61-00 oder -16
- **Gönneranlage / Rosenneuheitengarten Baden-Baden,** Winterhalterstraße 6, 76530 Baden-Baden, Tel.: 0 72 21/93 12 00

Außerdem sind an Orten, an denen Gartenschauen stattgefunden haben, die

Impressum

Bibliografische Information der Deutschen Nationalbibliothek
Die Deutsche Nationalbibliothek verzeichnet diese Publikation in der Deutschen Nationalbibliografie; detaillierte bibliografische Daten sind im Internet über http://dnb.d-nb.de abrufbar.

E-Mail: info@ulmer.de
Internet: www.ulmer.de

Lektorat: K. Wachsmuth, Antje Krause
Covergestaltung und Layout: X-Design, München
DTP: juhu media, Susanne Dölz, Bad Vilbel
Druck und Bindung: Litotipografia Alcione, Lavis
Printed in Italy
ISBN 978-3-8001-0310-2

Rosengärten meist stehen geblieben. Sehenswert ist etwa die Anlage in Rostock. Die im Folgenden genannten Rosenzüchter pflegen meist Schaugärten, in denen man sich kundig machen kann. Außerdem kann man aussagekräftige Kataloge (z. T. mit Schutzgebühr) anfordern:

▸ **Rosenhof Schultheis**
Bad Nauheimer Straße 3
61231 Bad Nauheim/Steinfurth
Tel.: 06032/81013
www.rosenhof-schultheis.de
Anbieter eines sehr großen Sortimentes historischer und seltener moderner Sorten, wie etwa 'Little White Pet', 'Climbing Etoile de Hollande', 'Tuscany Superb'; vorzügliche Eigenzüchtungen sind 'Roseninsel' und 'Sternenflor'.

▸ **Noack Rosen**
Im Waterkamp 12
33334 Gütersloh
Tel.: 05241/20187
www.noack-rosen.de
Kleines, feines Sortiment sehr gesunder eigener Züchtungen. Vorzüglich sind etwa 'Alcantara', 'Saremo' oder 'Ambiente'.

▸ **Rosenwelt Tantau**
Tornescher Weg 13
25436 Uetersen
(bei Hamburg)
Tel.: 04122/7084
www.rosen-tantau.com
Schönes Angebot ästhetischer und zeitgemäßer Rosen. Sehr reizvolle eigene Sorten sind 'Barock', 'Aspirin-Rose' und 'Duftrausch'.

▸ **Kordes Rosen**
Rosenstraße 54
25365 Kleinoffenseth-Sparrieshoop
Tel.: 04121/48700
www.gartenrosen.de

▸ **Rosarot-Pflanzenversand**
Besenbeck 4 B
25335 Raa-Besenbeck
Tel.: 04121/423884
www.rosarot-pflanzenversand.de
Deutscher Vertreter für Rosen des sehr fähigen französischen Züchters Meilland; Sorten wie 'Porta Nigra', 'Elina' oder 'Play Rose' gibt es hier.

▸ **BKN Strobel**
Pinneberger Straße 238
25488 Holm – Kreis Pinneberg
Tel.: 04103/12120
www.bkn.de

Die Rose auf dem Titelbild zeigt die Sorte 'Lady of Shalott'.

Bildquellen

Alle Zeichnungen fertigte Helmuth Flubacher, Waiblingen, nach Vorlagen des Autors.

Barlage, Andreas S. 50, 51 M.
BKN Strobel S. 51 re.
David Austin Roses S.17.
Fischer, Ellen Umschlagrückseite (re.), S.4, 23, 24, 25, Umschlagrückseite re.
Flora Press/Visions Titelbild
Kordes Rosen S. 9, 41, 43.
Reinhard, Hans S. 2/3, 4/5, 6/7, 13, 14, 15, 19, 21, 26, 27, 28, 29, 30/31, 33, 42, 50, 51 li., 57, 58, 59, 60, 61 li., 61 M., 61 re.
Reinhard, Nils Seite 11, 44/45.
Schaefer, Bernd S. 54, 55.
Veser, Jochen Seite 48, 49 li., 49 M., 49 re., 55 M., 55 re.

Haftung

Die besten Rosensorten

Top-Ten der Edelrosen: 60–100 cm hoch, Blüten sind groß, gefüllt, edel geformt und stehen einzeln oder in kleinen Gruppen; hervorragend für den Schnitt

Name	Blüte	Duft	Besonderes
'Ambiente'	Cremeweiß	leicht	äußerst kompakt wachsende Sorte, sehr blühwillig, gesundes Laub
'Avec Amour'	lichtes Gelb	leicht	sehr schön geformte, typische Edelrosenblüte; ausgewogener Strauch mit mittelgrünen, sehr gesunden Blättern, kontinuierlicher Flor
'Eliza'	frisches Rosa	leicht	ausgewogen buschiger bis etwa meterhoher Wuchs; reicher Blütenflor; locker bis gut gefüllt; silbrig-frische Farbe; tadellose Gesundheit und Gartenwirkung
'Gräfin Diana'	Purpurrot	intensiv	sehr attraktive Farbe und Form; guter Duft; gesundes Laub, Blühpausen im Sommer
'Madame Anisette'	Creme	intensiv	fast mannshoch wachsend; besonders schönes, gesundes Laub; edle Knospe und dicht gefüllte Blüte; markanter Anis-Duft
'Ingrid Bergmann'	warmes Dunkelrot	leicht	ideale Schnittrose aus dem Garten und dennoch akzeptabler Wuchs, Laub bleibt gesund, sehr reich blühend
'Inspiration'	aprikosengelb mit rosa Anflug	leicht	edle Blüte mit veränderlichem Farbenspiel, vorzüglich für Beete und als Schnittrose, sehr gesund
'Sachsenperle'	Zartrosa	intensiv	große Knospen und Blüten; großes, gesundes Laub; kompakter Wuchs; feine Farbe
'Sunny Sky'	Gelb	leicht bis mittelstark	sehr hoch wachsend, schmale Pflanzen, tiefgrünes ledriges, sehr gesundes Laub; sehr winterhart; Farbe changiert ganz leicht; lange Blütezeit
'Vedette'	Lachs	intensiv	schöner Farbkontrast der lachsfarbenen Blüten zum dunklen glänzenden Laub; sehr üppiges Wachstum; hoch; sehr guter Duft; schöne Schnittrose

Top-Ten der Kletterrosen: erreichen sehr unterschiedliche Höhen; nur einmal blühende Sorten sind gekennzeichnet

Name	Blüte	Wuchs	Besonderes
'Alaska'	Weiß	geschlossen, ca. 250 cm	edle Knospe, rundliche dicht gefüllte Blüte; der Weißton schimmert gelegentlich rosé; sehr gesundes Laub; Blühpause im Hochsommer, leichter Duft
'Alchymist'	Bernsteingelb, bräunlich-rosafarbener Rand, leicht duftend	eher sparrig, bis 350cm	frei stehend bleibt sie gesund, sehr anziehende Farbe, einmal reich und schön blühend
'Amadeus'	leuchtendes Rot, leicht duftend	aufrecht und straff, bis 250cm	interessante und gesunde Neuzüchtung
'Christine Hélene'	Elfenbein	geschmeidig, ca. 350 cm	kleine, halb- bis locker gefüllte Blüten; stark wachsend; sehr reich bestückte Blütenbüschel; zwischen zartgelb und creme schwankende Farbe; sehr gesund und winterhart
'Compassion'	Rosa mit Gold	aufrecht, ca. 250 cm	hochelegante Knospe, locker bis gut gefüllte Blüte; sehr schöner Farbverlauf; herausragend guter Duft; etwas steifer Wuchs, muss im Winter geschützt werden
'Graciosa'	zartestes Rosa	aufrecht, gut 250 cm	sehr große Blüten; edle Knospe aber sehr dichte Füllung; gesundes Laub; etwas steif im Wuchs; frischer, starker Duft
'Lykkefund'	Weiß, einfach, duftend	anschmiegsam, sehr hoch, bis 600 cm	ideal zum Bewachsen von Obstbäumen, einmal blühend, sehr winterhart
'Moonlight'	Gelb	aufrecht, ca. 300 cm	locker gefüllte Blüten; sehr schöner Kontrast zum gesunden und dunklem Laub; reiche erste Blüte, schwächere Folgeflore
'Perennial Blue'	Purpur	geschmeidig, gut 350 cm	kleinblumig, gut gefüllt; Farbe schwankt je nach Witterung zwischen Purpurrot und Violett; sehr reich blühend, sehr gesundes Laub, Hagebuttenansatz ; leichter Duft
'Veilchenblau'	Purpurviolett, das zu einem Mauve mit Graustich verblasst, klein, einfach	aufrecht, buschig, um 350 cm	an freiem Stand absolut gesund und kraftvoll, winterhart, einmal reich blühend, extravagante Farbe

Rosen-Praxis

Spezial

Man sollte wissen, wie Rosen gepflanzt werden, wo die Schere beim Schnitt angesetzt wird und wie man Rosen Halt gibt.

Rosen-Pflege

Spezial

Eine Zusammenstellung von Fragen und Antworten zu Rosen. Erfahren Sie Wichtiges zu Duft, Robustheit oder Vermehrung.

So fängt es an:
Rosen für alle Fälle

Keine Blume hat über die Jahrtausende die Menschen so berührt wie die Rose. Von der Antike bis heute begleitet sie uns bei allen Anlässen. Rosen erleichtern Liebeserklärungen; Rosen machen jeder Braut Komplimente; Rosen verwandeln Sommerluft in Sommerduft. Sie eignen sich immer als Geschenk und trösten uns beim Verlust eines geliebten Menschen. Keine Blume ist so reich an Symbolik wie die Rose: Weiße Rosen stehen für Reinheit, gelbe Rosen symbolisieren Eleganz und Eifersucht, rosa Rosen vergleicht man mit mädchenhafter Anmut und rote Rosen wie die abgebildete 'Duftzauber' sind unmissverständliche Liebesgaben. Rose ist jedoch nicht gleich Rose. Die gefüllten Edelrosen stammen von Wildrosen mit einfachen Blüten ab; hier gibt es alle erdenklichen Übergänge. Kleine oder große Blüten schimmern in allen Farben außer Blau. Einige von ihnen duften betörend, andere kaum wahrnehmbar. Die Duftnoten reichen von süßlich-blumig bis zu aromatisch-herb. Ebenso vielfältig sind die Wuchsformen: Flach aufliegend, buschig-kompakt, imposant als Strauch oder himmelwärts stürmend als Kletterrose – es gibt sie für jeden Geschmack und jeden Garten.

Haben Sie einen einigermaßen sonnigen Platz, der gut belüftet ist und ausreichend Nähstoffe bietet? Dann kann der Rosenspaß losgehen: Bepflanzen von Balkonkästen oder Kübeln, Anlegen von Rabatten und Beeten, Begrünen ganzer Fassaden oder Beranken von Lauben und Freisitzen – mit der Königin der Blumen ist alles möglich!

Kletterrose 'Bantry Bay' mit der Clematis 'Vyvyan Penell'; rechts der Blick auf ein Meer aus Rosenblüten.